老廣新游

老字號

之

大话国大笔下的大话老字号

大话国 编绘

CANTON TALKER

广州新华出版发行集团
广州出版社

图书在版编目（CIP）数据

老广新游之老字号 / 大话国编绘. — 广州 : 广州出版社，2014.4(2024.7重印)
ISBN 978-7-5462-1686-7

Ⅰ. ①老… Ⅱ. ①大… Ⅲ. ①老字号—介绍—广州市 Ⅳ. ①F279.276.51

中国版本图书馆CIP数据核字(2014)第071988号

LAOGUANG XINYOU ZHI LAOZIHAO

老广新游之老字号　　大话国 编绘　　

责任编辑：卢嘉茜　刘　甲
责任校对：叶贵莲
出版发行：广州出版社
地　　址：广州市天河区天润路87号广建大厦9、10楼（邮政编码：510635）
网　　址：www.gzcbs.cn.com
印　　刷：广州市快美印务有限公司
地　　址：广州市白云区广从五路410号1楼103房(邮政编码:510545)
电　　话：020-23336155
开　　本：889 mm×1194 mm　　16开
印　　张：9.75
字　　数：190千
版　　次：2014年5月第1版
印　　次：2024年7月第4次
书　　号：ISBN 978-7-5462-1686-7
定　　价：38.00元

如发现印装质量问题，影响阅读，请与出版社（020-38903510）联系调换。
售书热线：（020）38822649　38903520

大話國

目录

美食篇

老药篇

老店篇

王老吉
達揚原味燉品
蓮香大茶樓
紫檀酸枝烏梅
家具
筷子
榮華樓
皇上皇臘味
三多軒
何濟公
趣香
Quxiang
玫瑰甜品
伍湛记
北園
採藥東籬下
悠然見南山
愛群大酒店
OI KWAN HOTEL
八珍
陶陶居
啟者本堂支店向來祇有佛山鎮一家曾於宣統三年又分支香港蘇杭街今遷移大馬路大道中叁百拾二號門牌開張蒙諸君惠顧請移玉趾勿誤乃荷
民國二年二月 日
本堂主人謹啓

编者语

“老字号”所独具的文化风情，是广州这座城市最宝贵的人文资产。它们有着无限的魅力在等待被发现，喜欢旅行的人们，喜欢慢步调的人们，喜欢安静的人们，都能在这里找到最初的坚持和本质，无论那是一件物品、一个人还是一篇故事。现在，让我们跟随这本书，透过画笔的直观展现，去邂逅这座城市——“老字号”带给你的，不期而遇的惊喜。

写在前面

广州，这座具有两千多年历史的老城市，在这个日新月异的年代，想要看清楚她的面貌，说清楚她的故事，不是易事。大话国一直努力尝试用轻松的笔调及不同的角度，与大家一起探索这个充满魅力的城市。

在大话国创作第一本书的采风过程中，我们曾经有感而发，作过一个比喻：走进城市的老巷子，犹如走进了这座城市的内心世界，里面充满了曲折的故事和矛盾的情感，虽不完美，却真实不造作；而看着珠江新城、广州塔、海心沙这些新建筑，更像是看着城市的鲜亮外衣，那是精心打扮的国际化造型，时尚而精致，然而我们知道那并不能完全代表广州。

这一年，在创作《老广新游之老字号》的过程中，我们又感受到，这些老字号、老店铺，是这座城市岁月的见证，充满着历史感和人情味。深入了解它们后，似乎触摸到了历史的痕迹。

究竟是什么样的年代、什么样的人物、什么样的情怀、什么样的信念造就了这一家家老店老物？它们就像一颗颗小小的结晶，正在这个城市的各个角落，隐隐约约地散发着光芒。大话国希望与大家一起分享蕴含在身边的美好点滴，感受一个更真实的广州。

大话国

黄振龍
凉茶
陶陶居
陶陶居
老廣新游
蓮香楼
蓮香樓

老字號之美食篇

老城里的酒家、茶楼，深巷里的食店、小吃档，岁月流淌过的地方，能尝到浓浓的广州味。

莲香楼

百年莲蓉，香远益清
始创于 1889 年

莲香楼始创于 1889 年，是广州少数百年茶楼之一。其独创的莲蓉糕饼甘美香溢，素有“莲蓉第一家”之称。而其莲蓉月饼更是广州人中秋节的送礼佳品。

莲香楼由制饼师傅陈维清所创，只卖婚庆糕饼。由于店后有一条连香巷，故最初名为“连香糕酥馆”。后来糕酥馆被茶楼大王谭新义收购，改名为“莲香楼”，并扩建增设茶楼，兼营饼店。这一传统一直延续至今。

LIANXIANGLOU

莲香楼的内部结构分明：一楼是糕饼专柜；可以买到莲蓉饼与嫁女饼；二楼夹层是茶座，供叹茶（喝茶）品茗；三楼是饭市，负责午、晚餐供应，兼早茶市；四楼则专作宴席之用，见证了不少西关的少爷、小姐在此结为连理。

饮杯新抱茶，
富贵又荣华！
利利市市！
饮胜！
饮胜！
要呢条！
识货！条鱼
好生猛噶！
好多人买
饼喔！
有冇位呢？
我还要吃！
热水
百年餅家
老广州手信送礼佳品
Chinese
cakes！
好多品种
嘅饼喔！

莲花满开

以莲蓉闻名的莲香楼内部的装潢设计也以“莲”为主，巨型莲花吊灯、莲花满洲窗、莲花座椅木雕等，步步有“莲”，古雅大气。

正厅的莲花灯晶莹剔透，是由无数颗水晶聚集而成，一万元的耗资在20世纪80年代已是天价。

透过阳光看红木满洲窗的莲花图案，有一种『濯清涟而不妖』的感觉。

每一张酸枝椅子的靠背上，都刻有纹路清晰的莲花图案。

在莲香楼大厅的墙壁上，随处可见雕工精致的莲花图案木牌。

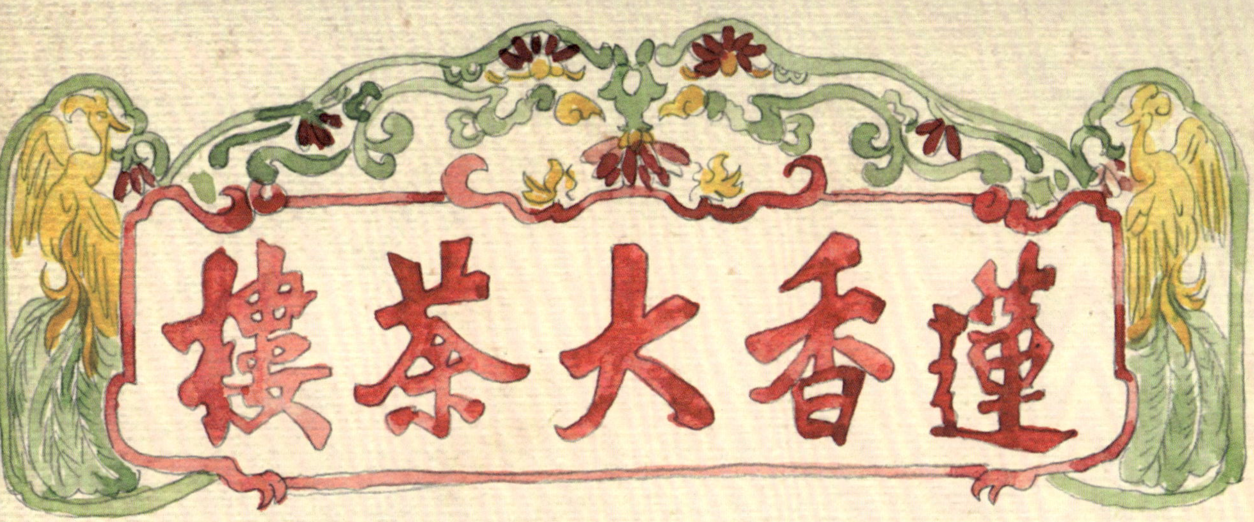

清宣统二年（1910），翰林学士陈如岳品尝过连香大茶楼的莲蓉后，有感于莲蓉风味，于是便提笔书写“莲香楼”三个字，引众人叫好。从此，“连香”便成了“莲香”。

有证有据

在莲香楼创建115年之际，一份陈旧的股份制合同被意外发现。合同内记载了莲香楼创始股东的名字及入股数量，并附有9个章程，包括人事、财政、薪酬等各方面，毫不逊色于现在的企业合同。

清光绪三十四年（1908），连香糕酥馆被谭新义收购时，为了扩建茶楼，他想出招股的办法，并向自己的同乡——新会七堡村的茶楼老板们招股。后来募集到122人入股，共筹得白银一万多两。经费充足后，谭新义建起了三层高的莲香大茶楼，并制定了合同和入股凭证，分发给每个股东。

每逢年末，股东携入股凭证到一德路的莲香大茶楼办事处就可以拿到相应的分红。

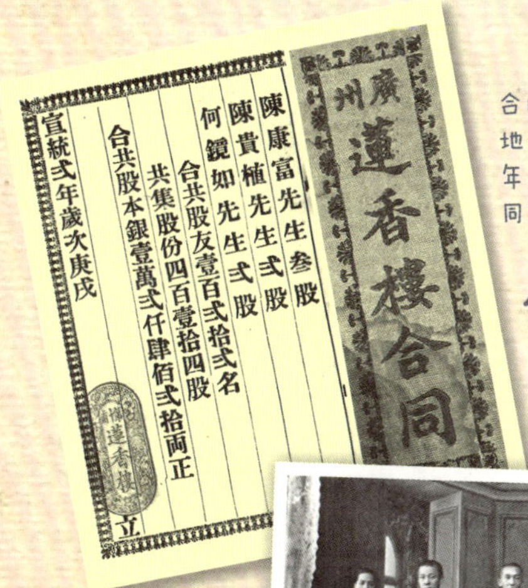
廣州
蓮香樓合同
陳康富先生叁股
陳貴楠先生弍股
何鏡如先生弍股
合共股友壹百弍拾弍名
共集股份四百壹拾四股
合共股本銀壹萬弍仟肆佰弍拾両正
宣統弍年歲次庚戌 立

合股制合同里清晰地记录着入股数，年末分红时，认合同不认人。

当年的莲香楼。

谭新义与他的生意伙伴的合照。（一排左四为谭新义）

莲蓉

莲蓉饼，是由莲香糕酥馆老板陈维清在喝莲子糖水时灵机一动所创。

“莲蓉家家有，莲香占鳌头”，莲香楼制作的莲蓉的过人之处，在于用料精良与工艺严谨。

在用料上，莲香楼以湖南白湘莲的莲子作为原材料。这种莲子味道清香，口感松软，在清朝时便已是朝廷的贡品。工人用竹签挑去莲心，避免莲心出苦味，保持了莲子的原汁原味。莲香楼还规定用即榨的花生油和进口的白糖制作莲蓉，以增加莲蓉的香滑度和甜味。

莲蓉制作考究，使莲香楼的糕饼备受青睐。每年中秋前夕，人们都会争相购买其招牌莲蓉月饼。就如店内的对联所书：“莲味清香，镇日评茶天不暑。香风遥递，谁家炊饼月方圆。”

莲子

由于白湘莲曾是朝廷贡品，所以又称为「贡莲」。

花生油

由新鲜花生即榨的花生油令莲蓉的口感达到最佳。

白糖

民国时白糖价格昂贵，凡有食品制作用到白糖的，都被人称为「冰花」。

绫酥嫁女饼

莲香楼还有一种特色酥饼——绫酥。

绫酥，属于传统酥饼的一种，是广东一带婚嫁宴请时用的高档嫁女饼。绫罗绸缎是贵族的四款华贵衣料，其中“绫”最为名贵。故此，礼饼就以“绫酥”为首选，寓意荣华。旧时西关富商甚多，但凡有千金出嫁，一定要买莲香楼的绫酥礼饼作为嫁女饼才能显出身价。

绫酥礼饼意头十足，分别有白绫、黄绫、橙绫和红绫四种。白绫寓意贞洁；黄绫寓意贵气；橙绫寓意丰收；红绫寓意百年好合。

陶陶居

来此品茗，乐也陶陶
始创于 1893 年

陶陶居位于西关第十甫路，始创于清光绪十九年（1893），是一间与对面莲香楼齐名的百年茶楼。

陶陶居原址位于清风桥（今广大路一带）旁，是由一名叫黄澄波的老板所开，初名“葡萄居”，经营姑苏式清茶细点。1925 年，葡萄居迁店至现在的第十甫路，从此扎根西关。1927 年，葡萄居被广州第二代酒楼大王谭杰南收购（谭杰南与莲香楼老板谭新义为同乡），将店名改为“陶陶居”，寓意“乐也陶陶”。

相传，康有为在广州时是陶陶居的常客。他用最擅长的“石门铭”碑法写下了“陶陶居”三个字。这三个字后来被店家挂在门楣上，作为陶陶居的招牌沿用至今。

水靓茶香

为招揽生意，陶陶居曾派人远到白云山，挑运九龙山泉水，并“招摇”过市，以作广告效应。九龙山泉水清甜，用于泡茶，人们夸其水靓茶香，并取雅号“山水名茶”。难怪当年曾有对联云：“陶潜善饮，易牙善烹，恰相善作座中宾主。陶侃惜分，大禹惜寸，最可惜是杯里光阴。”

此外，陶陶居还在茶市推出“孖寿桃”点心。这款点心是两个相连的桃形包子，分别盖上“陶”字印，连起来读便成了“陶陶（桃桃）”，与茶楼的名字巧妙地联系在一起，是陶陶居独创的点心。

因为『孖寿桃』点心，陶陶居也被人称为『孖陶』。

民国时期，陶陶居的伙计会捧着装满“孖寿桃”的蒸笼来回叫卖。

工人挑着刻有『陶陶居』店名的水桶『招摇』过市，并在茶楼醒目处备放着储水缸，以吸引顾客。

新、旧陶陶居对比。

豪华骑楼

陶陶居所处之地最初是一名清朝高官的私邸大屋，名为“霜华小院”。1922 年，前任老板黄澄波看上这块风水宝地，加楼叠阁，到 1925 年开业时，规模已算宏大。

1930 年左右，广州市政府将第十甫路扩建成马路，预示着商机到来。谭杰南接手生意后，不仅买下大院剩余的部分，还将砖木结构的大院改造成混凝土框架，建成了广州当时规模最大的茶楼。

如今陶陶居仍是第十甫路的骑楼之王。其面积达 4000 平方米，横跨度相当于三座骑楼，四条雄柱高高立起，直达三楼。楼顶还设有六角凉亭，很有特色。在当时没有高楼大厦的时代，从远处眺望西关，第一眼看到的便是陶陶居楼顶的亭子。

骑楼外墙的灰塑装饰多为经典民间故事。

密实包厢兴“相睇”

20世纪30年代，陶陶居的三楼曾是有名的“相睇”（相亲）宝地。由于老板之一的陈伯绮把三楼精心设计成高消费区，全层私密厢房，茶位昂贵，所以在这里饮茶的人不多，环境也相对安静，自然成为相亲人群的最佳选择。

除了普通男女相亲外，那里还有一种特别的“小妾相亲服务”。一些专门为人介绍小妾的媒人，常常会带上女子到这里，给有需要的少爷们过目相亲。每看一位，无论是否合适，媒人都可以得到男方交付的2毛钱的中介费，这在当时也算是贵价费用了。作家巴金先生也曾在1933年发表的文章《一千三百圆》里提到与友人到陶陶居时目睹过这种相亲服务的情景。

邻近陶陶居的粤剧“祖屋”八和会馆位于恩宁路，里面常有粤剧戏班的表演与交流。

新中国成立前的陶陶居宣传画。

不挂招牌的八和会馆

八和会馆是粤剧伶人的行会，这里戏班聚集，被尊为粤剧界的“祖屋”。1946年，八和会馆从黄沙搬迁至恩宁路，邻近的陶陶居自然成为粤剧明星们的饮茶胜地。

陶陶居每一层的装修都不同。一楼是糕饼售卖柜台与饮茶大堂的结合，内设卡位，粤剧界打杂、跑龙套的喜欢在这里“叹茶”（喝茶）。二楼是通堂散座，后有和凝别馆、霜华小苑等包厢，小有名气的艺人常在此层出入。最豪华的三楼则全层设有保护隐私的包厢雅座，用的是酸枝家具，挂的是名人字画，环境典雅。只有名伶泰斗才能光顾。

由于在陶陶居饮茶楼层的高低代表着茶客身份的不同，故当时广州流传着一则打趣的谚语：“有钱楼上楼，无钱地下踎（蹲）。”而陶陶居也因薛觉先、白驹荣、梁荫棠等粤剧大师的“长驻”，被戏称为“不挂招牌的八和会馆”。

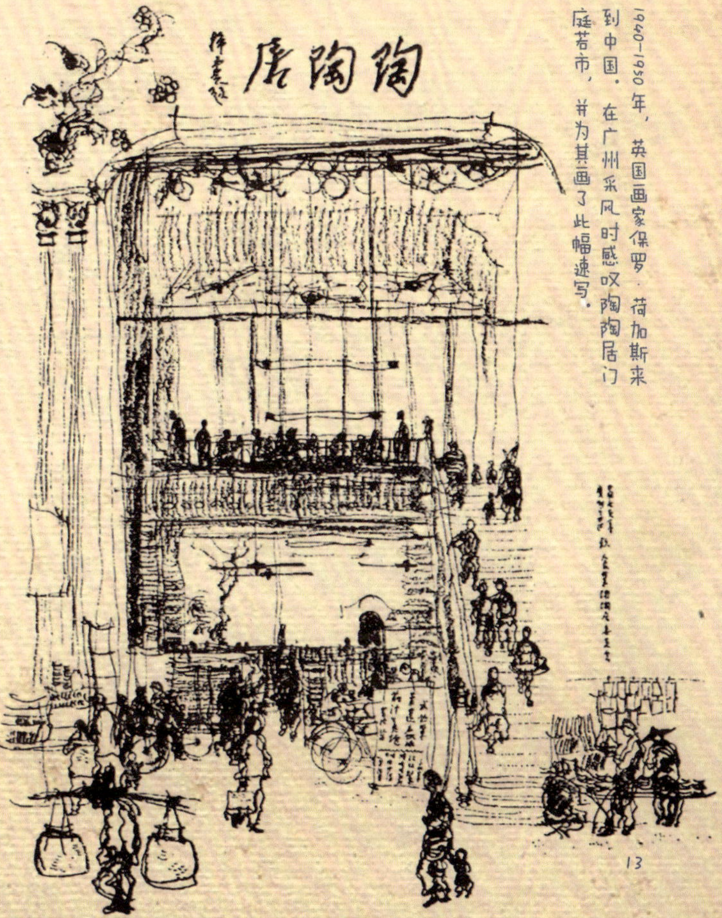

1940—1950年，英国画家保罗·荷加斯来到中国，在广州采风时感叹陶陶居门庭若市，并为其画了此幅速写。

广州酒家

食在广州第一家
始创于 1935 年

广州酒家的老店位于文昌南路与下九路的交界处，创建于 1935 年，有“食在广州第一家”的称誉。

广州酒家所处的地理位置，原是西关的文昌庙和关帝庙。后两庙被拆，英记茶庄的老板陈星海不惜重金买下这块风水宝地，建成西南酒家。但很快酒家就毁于火灾之中。不甘心的陈星海，决定筹集资金重建。1939 年，酒家终于重新开业，并取“食在广州”之意，改名为“广州酒家”。

日光中庭

除了老店大都有的古董花窗、雕梁画栋，广州酒家最有特色的景致在一楼的中庭。光线充沛的大天窗，三层楼高的细叶榕，映衬日光的水池，让食客犹如置身户外。

在老茶客们看来，榕树下、水池旁的桌子，显然是心水（喜欢的）宝位，凭栏饮茶、吃点心，在日光下看看报纸，实在是难得的休闲。

关帝树

说起这棵细叶榕树，很多人以为是移植进来的。实际上，它不但是天然长成，而且连广州酒家的老员工也说不清它的树龄。

据说，早在广州酒家建成之前，这棵细叶榕树就已扎根此地。当时这一带还属于关帝庙的范围，人们感念于此，便保留榕树，名曰“关帝树”。有了关帝树坐镇广州酒家，生意自然更旺，更有坊间传闻若在树下结婚摆酒，婚后必然“一索得男”（生男孩）。

二楼的珠海厅，是一个凌空阁楼，视野开阔。老茶客们都争相霸占此位。

“私家位”

广州酒家的二楼光线明亮，视野也开阔，可以俯视一楼中庭的水池与细叶榕树的风景，让人感觉清新舒适。所以许多茶客来此饮茶，都爱选位在二楼的珠海厅，或是对面的细叶榕树树荫下。久而久之，有些茶客出于习惯，便把这些位置划为自己的“私家位”。

若有人不知“规矩”，坐了这些特别的位置，老茶客便会闷闷不乐，坐在旁边守着别人吃完，待客人让出“私家位”，才开心地点餐、看报，开始舒服的一天。

正宗粤菜

广州酒家在开业时便宣称：菜肴精美，斤两充足；名师烹制，品质胜人。当时有梁贤、钟权、钟瑞等名厨掌勺，创制了诸多名菜，其中以文昌鸡、麻皮乳猪最为经典。

文昌鸡，精选肥美肉厚的海南文昌县鲜鸡，经过去骨、斩件，配以火腿、鸡肝等辅料，食之皮爽肉滑。由于选料源于文昌县，店址又位于文昌路，故取名“文昌鸡”。

麻皮乳猪则是用明火烤制，对猪皮进行针刺和扫油，排出多余的水油，保证全猪受热均匀，使猪皮酥化，一改传统光皮乳猪的皮硬刺口。

广州酒家始终保持着正宗粤味，名菜名点的多样选择，是品尝正宗粤菜的最佳酒家之一。

霸位争甩鞋

20世纪七八十年代，广州酒家曾经有一个奇怪的现象，店内设有负责“捡鞋子”的服务员。

那个年代没有叫号等位，天刚刚亮，人们就在门口排起长龙，等候早茶开市。时间一到，食客就蜂拥而入，生怕自己占不到位置。在拥挤中，许多食客常常被踩掉鞋子，于是拖鞋、胶鞋、解放鞋乱成一地。无奈之下，广州酒家专门派服务员把食客的鞋集中地捡到箩筐里，以便他们喝完茶“光着脚”去找。

南越王宴

传说中的宴会

广州酒家创办过许多高级宴席，如南越王宴、满汉大全筵、五朝宴等。其中，南越王宴最具岭南特色。

南越国是两千多年前岭南地区的第一个地方政权。考古学家在南越王墓中不但发现了像烤炉、煎炉等炊具，还有像蛇、龟、青蚶、河鲜、禾花雀等食材。在今天看来，这些依然体现岭南的饮食特色。而广州酒家的南越王宴就是根据这些资料还原了两千多年前南越王的餐桌风情。

宴会时，上菜服务员的服装也还原了秦汉时期的宫女装束。

老店旧影

20世纪40年代的广州酒家门面。

20世纪40年代广州酒家门前的宴请花牌。

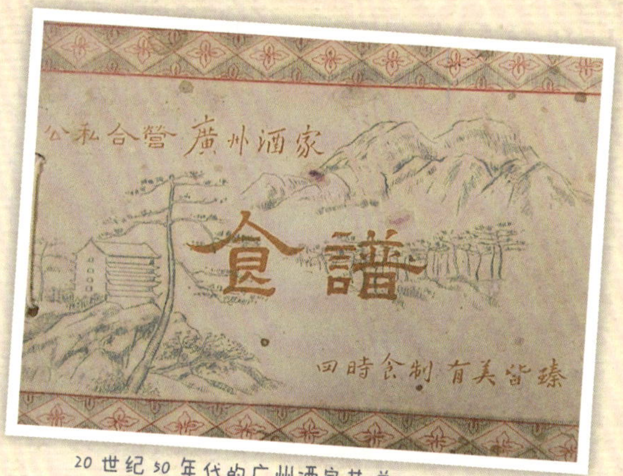

20世纪50年代的广州酒家菜谱。

1984年国庆时，广州酒家门前人潮如织。

20世纪80年代广州酒家中庭的喝茶盛况。

成珠楼

最老的茶楼
始创于 1745 年

成珠楼原址位于南华中路，建于清乾隆十年（1745），是广州最古老的茶楼。初时名为“成珠馆”，属十三行富商之一的伍家所有，专用于待客。随着来拜访、谈生意的人增多，伍氏便把成珠馆开放成茶楼，做起生意来。

成珠楼位处漱珠桥旁的富商聚居地，附近有名刹海幢寺和热闹的漱珠市集，漱珠涌直通珠江，南北来往，交通便利，人气聚集，生意自然兴旺。

直至清末，时局变迁，伍家衰落，成珠楼数易其主。清光绪年间，成珠楼被广州的梁福和堂购得。由于经营有方，成珠楼再次有声有色，兼营茶市、饭市、饼市，步入了最辉煌的时代。到民国时期，南方一带已无人不识成珠楼。

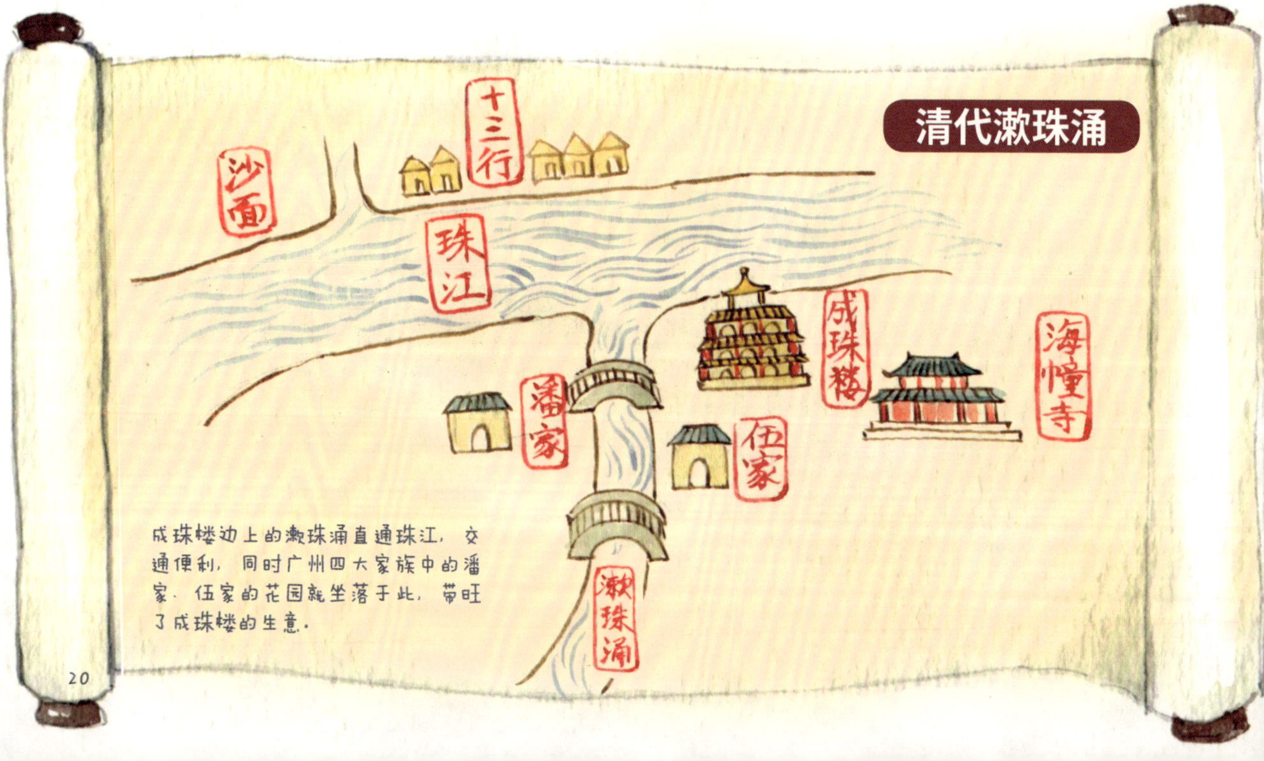

当年，漱珠桥是漱珠涌最热闹的中心地带。

昔日漱珠涌

清朝时的成珠楼靠着一条风光秀丽的河涌——漱珠涌。漱珠涌是广州河南兴盛的代表区域，长不过1公里，却有着得天独厚的地理优势。河涌北通繁华的珠江主干流，南往景色优美的瑶溪，西出是珠江芳村水段，对望白蚬壳码头与花渡头。来往船只可经此小道快捷到达珠江西堤，避开白鹅潭的风浪，是一条不折不扣的风水河涌。虽然这条繁华的河涌如今已被填平，但在当时看来，它直接带旺了成珠楼的生意。

小凤饼

小凤饼又称“鸡仔饼”。传说，成珠楼的主人伍氏有一次宴客，命丫鬟小凤准备点心，偏偏这时候点心师傅不在。无奈之下，小凤便把自己私下用剩菜做成的点心拿来应付，谁料客人吃后大加称赞。从此“小凤饼”的名称不胫而走，成珠楼也顺势将其作为自家的特色美食。

制作小凤饼，首先要预备上好的肥猪肉，将其切粒后加入葱头、五香粉、面粉和南乳，拌匀制成内馅，再浇上麦芽糖包裹馅料，使饼皮既松脆又柔韧。烘焙完成时，麦芽糖还可令饼呈金黄色，非常诱人。

多年后的今天，成珠楼小凤饼仍是粤港澳的小食名片。

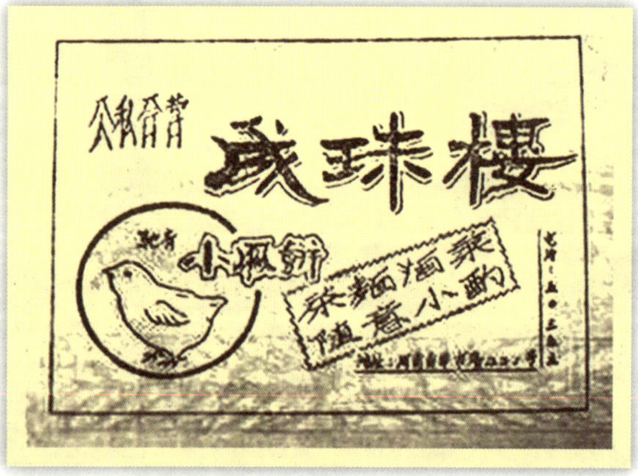

20世纪50年代的小凤饼包装纸

事与愿违

1945年，成珠楼200周年大庆，当时人们都希望这座茶楼能一直经营下去。可惜事与愿违，1985年的一场大火，让成珠楼200多年的历史就此终止。许多成珠楼的老照片一并被烧光，以致后来鲜见成珠楼原貌的资料。

今天的南华中路，骑楼林立，海幢寺依然香火旺盛，但唯独不见成珠楼的踪影。只能在其原址附近找到售卖成珠鸡仔饼的小铺。

趣香

专营糕饼，又脆又香

始创于 1938 年

趣香饼家位于第十甫路 97 号，创建于 20 世纪 30 年代，是西关传统饼家之一。

趣香的创始人是罗振球等四人。他们本来只是在西关敬义信饼家打工，在积累了资金和掌握了手艺后，萌生了自主创业的想法，于是一起在第十甫路租下了一间杂货店经营糕饼点心，并取店名为“趣香饼家”，寓意“又脆又香”。

趣香饼家以品类众多而闻名，并且在不同时节推出应节糕饼——过年有年糕，端午有粽子，七夕有通心酥，中秋有月饼，平时还有龙凤礼饼、棋子饼、煎堆、绿豆糕、水晶饼等，满足人们的各种需求。

趣香饼家邻近平安大戏院，人气旺盛，无论是粤剧名伶还是前来捧场的戏迷们，都习惯在趣香买了小饼、肉干后才进戏院。如此一来，趣香逐渐积累了名声，成为西关老字号饼家。

处于鼎盛时期的趣香饼家在海珠区南华东路增设了分店。

20 世纪 60 年代第十甫路的趣香糕点厂。

旧时的糕饼点心店。

泮溪

泮塘水边有酒家
始创于 1947 年

泮溪酒家位于广州城西的荔枝湾畔，始建于 1947 年，是广州三大老字号园林酒家之一。

抗战胜利后，广州的饮食业迅速恢复。茶楼、酒家的生意比以前更为兴旺。泮塘的一位乡民李文伦见势决定在泮塘水边建酒家。于是，他和他的儿子李声铿作为大股东，联同其他人合股开始了酒家的建设，取名“泮溪”。

泮溪酒家的所在地荔枝湾，原是 1000 多年前南汉后主刘张的御花园，自古便是块风水宝地。李氏父子懂得顺应地利，以竹木、松皮搭建棚寮于泮塘之上，刻意将酒家营造成水乡郊野风情，再加上郊外大鱼头、八珍茭笋王、泮塘马蹄糕、鲜虾荷叶饭等郊野风味招牌菜，成功得到了不少西关人的青睐。

当时的广州粤剧盛行，而粤剧名伶多聚居于西关一带，经常出入泮溪，其中有“武探花”之称的梁荫棠还曾在泮溪大排筵席。渐渐地，泮溪吸引了大批戏迷专程前来边品美食边追星，生意越做越火。

20 世纪 50 年代初，由于各种原因，两位小股东潘老板和陈老板相继退股，正式由李氏父子全盘接手，继续经营。随后公私合营的大潮到来，泮溪被逐步收归国有。

泮溪酒家整体的构造错落有致，由前厅、中庭、榕树区、画舫和海山半岛几个部分组成，背临荔湾湖泊，食客饮茶时可以欣赏到湖内游客划艇的美景。

三桥一景

中国传统叠石造园艺术讲究“咫尺山林，有石则灵”，泮溪作为园林酒家当然也少不了山石的点缀。迎宾楼前，就有点睛之笔——“三桥一景”。“三桥”分别是曲桥、廊桥、圆拱桥。由“三桥”伴着的中间的“一景”，便是出自叠石大师布谷生、布汉生之手的大型石景——“东坡游赤壁”。

说起布氏家族，值得一提的是，从其祖辈开始就一直是广东一带有名的灰塑工艺家族。佛山祖庙的大型脊饰灰塑创作，广州陈家祠的灰塑维修复原工作等都一直与布氏家族息息相关，而家族中的布谷生、布汉生也是广东著名的叠石名家。叠石造园的境界在于“一拳石则苍山千仞，一勺水则碧波万顷”，如若有闲前来，不妨驻足迎宾楼前，想象自己缩小了百倍，步入景中。

莫伯治与他的建筑

莫伯治 (1914 — 2003)，广东东莞人，毕业于中山大学土木建筑系。1958 年，莫伯治设计了北园酒家并一举成名。随后，他又陆续主持设计了泮溪酒家、南园酒家、白天鹅宾馆、岭南画派纪念馆等充满岭南风情的建筑。

他擅长传统园林与现代建筑的融合，设计时考虑本土气候条件，还善于搜集民间材料，造价低廉，素有“悭钱（省钱）专家”的美誉，是近代岭南建筑界的泰斗。

北园酒家　南园酒家　泮溪酒家

拱桥与廊桥相连，通入迎宾楼。

廊桥常见于岭南园林建筑中，既可遮风避雨，又可用于休憩观景。

迎宾楼

走过廊桥、圆拱桥，便进入了贵宾楼的迎宾厅。这里是只有举办重要宴会时才开放的餐厅，所有的装潢、陈设都显得格外豪华。当然，与北园一样，这里大部分的“豪华装饰”都是重现当时莫伯治等人从70多家旧房、老宅收购过来的民间工艺精品。精致的木雕檐楣、镂花的屏风花罩、名贵的家具字画、五彩的满洲门窗，都被精心地设置在厅堂内，各就其位，井井有条，让人犹如身处王公贵胄的别墅。

满洲窗

迎宾厅内，最吸引人目光的一定是四壁上的那些五彩斑斓的满洲窗。这里是拥有最多古旧、名贵的满洲窗的地方，无论造型、样式、图案，都是多种多样，许多罕见的款式在这儿都被完好保存着。而其中最珍贵的要数屏风上的四扇金版满洲窗。据黎经理说，当年郭沫若最欣赏这四扇满洲窗，因其图案是仿拓印形式的古代各式镞锛凿、玦坠珮璐、图腾，又以篆、籀、隶、草、楷等历代文字为刻注，展示了中国历朝度量衡币、工具、器皿及饰物的演变发展史，是非常有内涵的满洲窗样式，加之又是罕见的金版，就更为珍贵了。

实际上，满洲窗是有很多种套色工艺的，最常见的是红版、蓝版、白版，再往上数是绿版、黄版，其中黄版也就是所谓的“金版”。

诗意泮溪

泮溪作为接待国内外贵宾的重要园林酒家，名人趣事和墨宝自然不少。其中挂在迎宾厅内最显眼处的，就是郭沫若的作品：

盘中粒粒皆辛苦，槛外亭亭入画图。
齐国易牙当稽颡，随园食谱待耙疏。
隔窗堆就南天雪，入齿回轮北地酥。
声味色香都具备，得来真个费工夫。

名师名菜

20 世纪 50 年代末，泮溪酒家开始经常负责接待贵宾、政要的任务。政府非常重视泮溪的出品，于是从其他餐饮店调派多位名厨、名师过去坐镇，创造了著名的泮溪八大名菜和八大名点。

八大名菜有金牌烧乳猪、八宝冬瓜盅、像生大拼盘、泮溪茭笋皇、脆皮炸蟹钳、牡丹鲜虾仁、园林香液鸡、瓦罉焗水鱼。

八大名点有像生雪梨果、鹌鹑千层酥、蜂巢蛋黄角、生炸灌汤包、晶莹明虾脯、泮塘马蹄糕、清香苹叶角、绿茵白兔饺。

其中，由著名点心师傅罗坤创造的“绿茵白兔饺”到现在依然是最受食客欢迎的点心。

曾经有一位外国元首的夫人在访华结束前到泮溪参加午宴，当服务员把绿茵白兔饺送上后，这位夫人再三欣赏这些“小白兔”，久久不忍动箸。后来这位夫人请来了罗坤师傅，提出要带这些点心回国。罗坤师傅欣然答应，为这位夫人赶制了绿茵白兔饺等四款名点，供其带回国。

绿茵白兔饺

把虾饺做成圆滚可爱的小白兔形状，用火腿点作眼，再以碧绿的芫荽作地，是罗坤师傅首创的象形点心。

八宝冬瓜盅

以冬瓜作为容器炖汤，把边缘切成齿状，瓜皮上刻有图案。此菜式赏心悦目，味道清淡鲜美，为夏日消暑佳品。

北园

山前酒肆，水尾茶寮

始创于 1928 年

北园酒家创建于 1928 年，至今已有悠久的历史。

当时，广州市商会会长邹殿邦在城北拥有一座大宅，原是其祖父过去在清朝当官，告老还乡后盖的一座园林别墅。后来，邹殿邦连同一些富商、官僚太太等人，共同在该地投资开设高档酒家，便建成了最早的北园。

过去小北路一带还属于郊区，偏僻而清净，但北园招揽顾客有方——菜式出品和园林景致都成功吸引了市内的达官贵人、社会名流前来踏青寻幽，成为当时颇有名气的酒家。

与大多数老店一样，北园经历战乱后一度衰落甚至被毁、结业，后经过几次重建、扩建、转型、易主，现在的北园是一座地处闹市却古色古香、富有岭南特色的园林酒家。

北园门前的“其味无穷”四个字出自国画大师刘海粟之手。

古图寻踪

从广州的古地图看，北园的位置就处于古城墙小北门附近，而小北路是人们出城登白云山的道路。

当时，从市区到白云山有两条路，一条是从大东门出发经沙河上山；另一条就是更多人的选择——从小北门出发，经现在的小北路至登峰路上山。其时，小北路、登峰路一带开设了不少茶寮食肆，供上、下山的人们消费。

北园又因其毗邻白云山麓，小北路是上山之路，而山上又有水源流下，经其门前再进入城内的六脉渠，故有“山前酒肆，水尾茶寮”之雅称。

庭院玲珑

1958 年，岭南建筑大师莫伯治负责北园的扩建和整体设计。他在设计上保留了原有的园林古木，采用深远曲折的传统庭园布局，又充分利用从民间旧宅收集得来的工艺建筑旧料作装饰。

莫伯治和施工人员多次走访将要被拆除的旧房、老宅，收集旧砖瓦、雕花门窗、古董家具、工艺部件等，运回后再进行设计加工，然后用作北园酒家的“豪华装饰”，而这些在今日看来价值不菲的“豪华装饰”，在当时却是以柴薪之价收回来的。

“这里所有敞口厅和套厅都是利用收回来的旧料木飞罩、落地罩、花罩等作隔断。这些装饰材料的艺术价值很高，每套雕刻要花上百日的工时，而当时我们只用几十元就可以收购到一整套了。一些工艺部件、窗花等则以每百斤数元的低价就能买回，稍经打磨、加工、镶嵌后，依然光彩照人。”莫伯治在一次采访中曾这样谈道。

临水飘出的小厢房是最有情调的房间，三面环水，四面花窗，食客于厢房内，园林景色若隐若现，犹如置身室外又有半遮半掩门窗之感。

余荫山房为清道光年间的举人邬彬的私家花园，与顺德的清晖园、佛山的梁园、东莞的可园并称为“广东四大名园”。

廊桥

北园的中庭是一片池水，中间有小巧的廊桥横渡，两岸有临水的厢房飘出，四周有曲折的回廊环绕，走在其中，花木错落，亭台隐现，步移景换。

庭院中最引人注目的就是那小廊桥，其造型是仿照番禺清朝年间的私家园林余荫山房的廊桥而建，合理地分割了庭园及水面空间，不觉拥塞，细节和尺度都经过仔细推敲，精巧而实用。

梁思成先生在参观过北园后曾评价道：“这是建筑与园林环境融为一体，而又具有浓厚地方风格的作品。”

14幅双面贴金镂空工艺雕刻，春、夏、秋、冬四季之花鸟鱼虫，神态各异，栩栩如生。屏风收藏过百年，极具历史价值。

大宅珍宝落北园

江献珠所著的《钟鸣鼎食之家》写道：

一进北园，赫然是个宅院，有假山、小桥、亭台、流水。四周有回廊，廊外是一个个饭厅。那些满洲窗门的间隔，竟全是我家之物，堂姐拖着我的手，在每个饭厅前停下来。我忽然想起两句诗："旧时王谢堂前燕，飞入寻常百姓家。"行（走）到我们订下的地方，三个饭厅打通了。厅外回廊的漆柱，柱顶有洒金的木雕檐饰，以及正中的饭厅装饰，除了没有水晶吊灯及大镜外，俨然把祖父的饭厅搬到了北园来。30年悠长的历史，压缩至数小时之间。长远的渴望与骤然的冲击，迸发于一瞬，我无法抑止，放声大哭。

不少人都听说过关于北园和江献珠的这个故事。江献珠是香港的美食家，其祖父江孔殷是清末最后一位科进士，点翰后官衔太史，人称"江太史"。

20世纪初，江太史的府邸位于广州河南（珠江以南）同德里，是河南的第三大宅，仅次于广州四富中伍家、卢家的府邸。

时过境迁，江家衰败。太史第也进驻了七十二家房客。然而幸运的是，江府的雕梁画栋、古董门窗被政府保留、收集了起来，并由莫伯治在设计修建北园的时候用作装饰。所以才有了后来"江献珠窗下痛忆故居"的一幕。

这扇门是从江孔殷的旧宅拆下的原物，是一对精美的铁力木雕花大门，广州艺博院的大门就是按其造型仿制。

当客人步入北园酒家的大门，迎面而来的是一幅由红木精雕细刻，套绿玻璃蚀刻的古代器皿镶衬其中的花窗，造工精巧，为全市宾馆酒楼中绝无仅有的一幅。白天鹅宾馆装修时，曾到此临摹花窗图案，回去仿制后，安装在其宏图宴会厅大门内。

江太史第

说起江孔殷，不得不提他对粤菜的贡献。他虽曾是清朝官员，但支持辛亥革命，在官员、文人、商贾的圈子都左右逢源。然而，最让后人记住他的，却是他作为美食家的身份。

江太史虽不懂烹饪，但精研饮食且地位甚高，常与家厨研发菜式。辛亥革命后，他淡出政坛，将自己的兴趣发挥到极致。

其时，但凡太史第有新菜式推出，广州城内的各大酒家就立即效仿，纷纷冠以“太史菜”之名招揽生意。粤菜中的经典传世之作——“太史五蛇羹”就是这样一道食材多样、选料挑剔、工序繁复的名菜。

江太史膝下子女十七人，其第十三子便是粤剧编曲名家——江誉镠，人称“南海十三郎”。《寒江钓雪》、《心声泪影》等脍炙人口的作品都出自他之手。江太史第里一门两杰，是羊城的一段传奇。

北园名菜

历史上北园的十大名菜颇具盛名，分别是油泡虾仁、郊外鱼头、蚝油鸭脚、干煎鸡脯、香汁炒蟹、宝鼎满坛香、桂花香扎、松子鱼、片皮挂炉鹅、瓦罉花雕鸡。

如今北园对这些传统名菜进行了改良，一些过于油腻的菜式因不符合现代人的口味和营养需求，已经停做了。现在推出的菜式更偏重于精美化、营养化。

太史五蛇羹

著名粤菜太史五蛇羹为江太史所创，以五种蛇为材料，有眼镜蛇、金环蛇、银环蛇、锦蛇、水蛇。

将蛇拆骨切丝，配以陈皮和甘蔗同熬，之后弃尽汤渣，再加入上汤和配料继续烹制。

上汤是由老鸡、瘦肉、金华火腿熬制，然后汇合水律蛇丝，再打薄芡，撒薄脆、菊花、柠檬叶丝出锅。其味道鲜美，又活血补气。

现在去北园吃到的这道名菜，是基于食材变迁和现代人口味变化而改良过的太史五蛇羹。

有人说，北园可让今人一窥江太史奢华府邸的点滴。那么，到北园尝太史五蛇羹，或许会让人更真切地体会旧时贵族的生活情趣与追求。

南园

园中有园，林中有林

始创于 1963 年

南园的传统菜式"佛跳墙"是招牌菜，一直是人们宴请酒席时的热门选择。

"园中园"、"林中林"的牌匾分别出自商承祚、容庚之手。

南园位于海珠区前进路，于 1963 年 7 月开业，距今有 50 多年历史。但实际上，"南园"这个宝号，早在民国初年就已经存在。昔日的南园在南堤二马路，和位于第十甫的谟觞、惠爱西路的西园、文昌路的文园并称"广州四大园林酒家"，生意非常兴旺。

然而，经过战乱后，南园无法维持经营，终告结业。直至新中国成立后，政府计划重兴老字号，于广州河南（珠江以南）晓港附近选址，斥资重建了占地面积上万平方米的新南园，还邀请了北园酒家的建筑设计大师莫伯治负责整体设计，才有了现在的南园。

新南园落成后，立刻引来了各界的关注。当时南园所在的广州河南正值开发之际，新辟的宽敞大道云桂路从海珠桥直达南园门口，交通便利；附近建了中山大学、住宅区、商店，一片繁华景象。这些都为南园带来了滚滚客源，南园的声誉蒸蒸日上。

2005 年后，南园在原来传统岭南建筑风格的基础上，增加了时尚元素，更适应时代发展，而菜式也走向更受现代人欢迎的新派粤菜路线。

新中国成立前南堤二马路的南园，当时为院落式平房。

1986年，位于晓港的新南园饭市时的繁荣景象。

园林清幽

由于用地宽裕，南园内的建筑与树木显得疏朗开阔。主楼青砖绿瓦，亭台飞檐，具备中国传统建筑的古雅风格，园中的湖泊通流于晓港公园小港河。

园内除主楼外还设计了颇具特色的“园中园”和“林中林”两个富有特色的布局，内置假山翠竹，有石桥可渡，花木植作清幽，几片不同形式的水庭空间显得意境深远，大小餐厅分散布置，使人们在进入餐室前，就先步入一片天然和谐的园林。

在广州人心目中，今天的南园是与泮溪、北园并称为广州三大老字号的园林酒家。

云香酒楼

西有莲香，东有云香

始创于 1904 年

云香酒楼原址位于东川路与东华东路的交界，始创于清光绪三十年（1904），是广州仅存的四间百年茶楼之一。（今已结业）

云香酒楼最初是由吉祥堂的郑云卓和福和堂的梁赉周（当时掌营成珠楼）牵头招股，筹集五千两白银而建成的。初时经营三茶两饭，并主打特色饼食，尤其龙凤礼饼最受欢迎。当时杨箕、冼村一带的家庭办喜事都首选云香礼饼。所以坊间有言：“西有莲香，东有云香。”

云香酒楼在 1929 年曾进行过改建，从砖木结构变成了如今的骑楼建筑。其传统招牌菜式——八宝莲皇鸭、布袋鸡、桂花扎等，一直备受食客喜爱。2015 年，111 岁的云香酒楼宣告歇业，遗憾地告别广州街坊。

招牌八宝莲皇鸭

八宝莲皇鸭是云香酒楼的招牌菜式，做法是将鸭拆骨，内藏薏米、竹笋、火鸭肉、带子、冬菇、莲子、果仁、虾仁和火腿，统称“八宝”，焖足四个小时再出炉，虽费工夫，但鸭肉爽滑可口，色香味俱佳。

清平饭店

品味广州第一鸡

始创于 1964 年

清平饭店原址位于清平路 171 号，创建于 1964 年，其独门的清平白切鸡被广州人誉为“广州第一鸡”。

清平饭店的命名来源于店址所在地清平路。它由“雄心”和“图强”两间饭店合并而成，并收购了天元茶楼的铺面，经营起以白切鸡为主打的饭店。

“无鸡不成宴”，吃鸡在广府人心中有特别的地位。清平饭店在 20 世纪 80 年代推出“清平鸡”，厨师王源首试用多种药材和香料烹制白切鸡，味道馥郁，肉质鲜香嫩滑，人们称赞“连骨头都有味”。清平鸡问世后，广受欢迎，每天销量能达到几百只。

进入 21 世纪，清平饭店逐渐衰落，并于 2002 年宣布结业。直到 2024 年，结业 22 年的清平饭店在中山七路重新开业，原汁原味的清平鸡重回餐桌，街坊们的美味记忆也被再次唤醒。

用特制的白卤水代替清汤浸（泡）鸡；用陈年鸡汤代替冷水浸（泡）鸡，足够入味。这就是清平鸡的特色。

前世今生

聚龙村今有青砖大屋 20 幢，是邝伍臣在 1879 年带领邝氏家族所建。

1928 年天元茶楼的入股股票。

值得一提的是，当年清平饭店所收购作为铺面的天元茶楼本就是一间知名食肆。

天元茶楼建于清光绪年间，因地处十三行附近的清平路，便成为这一带行商们的会客之处，其特色是品茗和糖果糕点。在 1892 年 6 月 4 日的《中西日报》中，还有刊登天元茶楼敬告仿冒糕饼的报道，可见当时天元茶楼的知名度。

天元茶楼创始人邝伍臣是清末时期的著名茶商，也是花地芳村聚龙古村的筹建者、首任村长，拥有聚龙村房屋 5 幢。如今聚龙古村落已是广州市文物保护单位。

回民饭店

城中风味
始创于 1956 年

回族同胞大多是信奉伊斯兰教，而回民饭店临近国内最古老的清真寺庙怀圣寺，而怀圣寺里面的光塔是伊斯兰教的远古圣迹之一。

牛羊杂汤

牛羊杂汤大大碗，分量足，还配咸酸食料，带出汤的鲜味。

烤羊肉串

羊肉串外焦里嫩，加上孜然辣粉，风味十足。

回民饭店位于中山六路 325 号，创办于 1956 年，是一间经营回族风味菜式的餐馆。

回民饭店原名为“清真食堂”，开业时的店址设在北京路，后来迁至中山六路。这一带古时原是番坊，聚集了大批穆斯林居民，至今仍有不少回族同胞在此地聚居经商。而回民饭店正好迎合了他们的口味。

为了融合岭南饮食，回民饭店开发出具有广州风味的清真菜，称为“回菜粤做”，兼顾了回族和老广州的口味，所以它不仅是回族同胞的老字号，也是属于广州人的老字号。

羊肉、牛肉、鸡肉是回民饭店的主打，其中涮羊肉、脆皮火鹅、煲仔牛杂等是饭店的招牌菜，还有羊叉包、黑椒牛仔骨、羊排骨等，是茶市上人们最爱点的菜肴。

示意地图

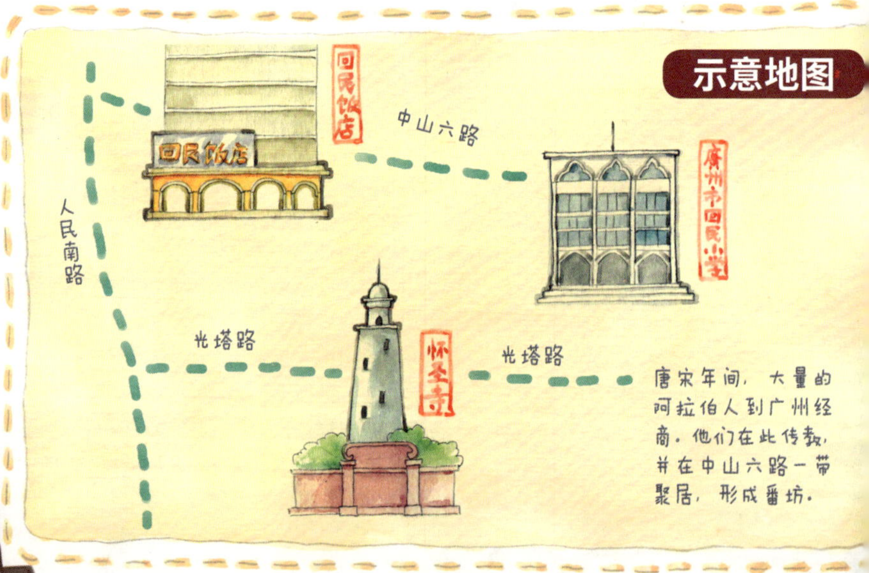

唐宋年间，大量的阿拉伯人到广州经商。他们在此传教，并在中山六路一带聚居，形成番坊。

荣华楼

百年茶楼粤韵浓

始创于 1876 年

荣华楼位于龙津东路，创于清光绪二年（1876），是有着粤剧演出传统的老茶楼，也是广州仅存的四大百年老茶楼之一。

它的创始人已无从考究，只知其原先为砖木结构，在 60 周年（1936 年）店庆时才改建为骑楼建筑。如今的荣华楼高 2 层，分成酒楼、饼屋、西关小吃三个铺面，其中酒楼是人们饮茶、吃饭与听曲的地方。

酒楼里，街坊互相嘘寒问暖，仿若家人。每逢下午两点半，云峰粤剧团的乐声响起，街坊便安静入座，品着招牌“麻香酥”，尝个分量足的小吃拼盘，听得兴起时向台上的粤剧艺人赠个红包，图个吉利。

粤韵悠扬飘远，时光放慢脚步。一壶清茶，一声喝彩，外面不断变迁的世界，好像都与这里的清闲无关。

云峰粤剧团在荣华楼有过无数辉煌的出演，街坊茶客也习惯了这种饮茶、看戏的生活。

舞台旁边的乐谱架上常夹满了戏迷所赠的心意利是。

折子戏曾是清代与民国时期广州茶楼的特色，但如今仅剩荣华楼等寥寥数间茶楼仍在坚持这一传统。

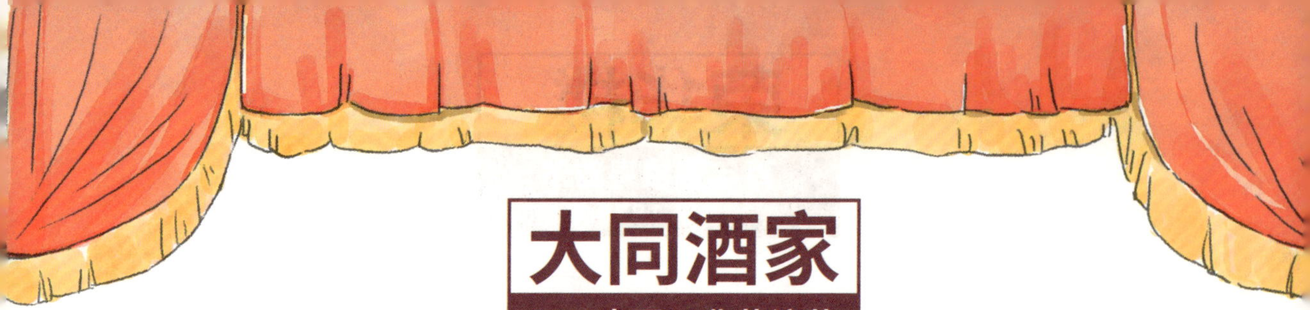

大同酒家

天下大同，曲艺流芳

始创于 1938 年

大同酒家旧址位于沿江西路63号(今已结业)，其楼身建于 1938 年。据说这栋建筑原是联华影业的物业，初时设计与爱群大厦高度相等，但由于日军侵占广州，建至第 8 层就停工了。随之日本人中泽亲礼接手此楼，开设了广州园酒家，为日本军政人士服务。但由于本地人不愿帮衬（光顾），让酒家始终入不敷出，最后宣告转让。1942 年，该酒家由香港大同酒家的老板冯俭生买下，改为“大同酒家”。

冯俭生让大同酒家同时经营茶市与饭市，推出各个阶层、价格的菜式，积累了客源。又因酒家地处当时的金融街长堤大马路，人气兴旺，生意兴隆，与大三元酒家、大公餐厅合称广州的“三大”酒家。

如今，大同酒家在市内多地开设分店，依然经营平民百姓的菜式，其招牌美食大同脆皮鸡、娥姐粉果等深受大众喜爱。

大同酒家在沿江西路经营期间，曾在六楼设曲艺茶座，下午两点半开场，由珠江曲艺团演出。街坊们常会早早占好位置，等待大戏开锣。

前世今生

著名的广州电影院也在大同酒家的楼宇内。

20 世纪 40 年代大同酒家的商用礼券。

沿江路长堤一带在民国时期是广州最繁华的地段。

叹茶听曲

在老广州心目中，饮茶、听曲，是茶楼不可缺少的两个元素。每逢大同酒家“唱女伶”的歌声响起，都令人忆起旧广州的那些茶楼往事。

太平馆

首创广式西餐厅
始创于 1885 年

太平馆原址在太平沙，如今位于北京路财厅前，由广州西村人徐老高始创于 1885 年，据说是中国人开设的第一家西餐厅。

徐老高年少时曾在沙面的洋行打工，学得烹饪牛扒的手艺，后来在街头摆摊，赚到第一桶金。

赚到钱的徐老高在太平沙开设餐厅，并以地名取店号“太平馆”，开始以广东人的口味烹调西餐。凭着这种新意，太平馆名声渐响。到 1926 年，太平馆于财厅前开设分店（即现在的太平馆），生意更加红火，奠定了其在广州餐饮界的显赫地位。

当年 VS 今日

20 世纪 50 年代，太平馆所在的北京路上商铺林立。

如今半个世纪过去，太平馆内依旧洋溢着浓浓的怀旧气息。

太平馆接待过的名人无数，其中周恩来曾在 1925 年、1959 年、1963 年三次光临太平馆。

1925 年 8 月，周恩来与邓颖超刚在广州完成婚礼，友人张申府便邀请周恩来夫妇到太平馆用餐，以祝贺他们新婚。这一顿饭彼此相谈甚欢，给周恩来留下了深刻印象。1959 年，周恩来再到太平馆时，说还记得当年就餐座位是马蹄形的摆设，并吃了石岐乳鸽和鸡丝炒饭。因此，这两道菜被太平馆写进了“总理套餐”和“总理夫人套餐”里。

可能由于气候闷热，广州人是非常喜欢吃糖水的。在文明路的一排骑楼底，短短的几百米，就林立着各式卖甜品的小铺，尤其近年港式、台式甜品店越开越多，文明路成了广州人都熟知的糖水一条街了。

这些成行成市的甜品店中，要数 1995 年创办的玫瑰甜品店和 1986 年创办的百花甜品店资历最老。虽然他们与本书中提到的那些几十年甚至上百年历史的老字号相比，犹如孩子一般，但在“70后”、“80 后”一代人心目中，他们却是一种难以代替的生活习惯，或者更多的是一代人的集体回忆。

玫瑰甜品

小而精致的甜蜜

始创于 1995 年

玫瑰甜品位于文明路 218 号，创办于 1995 年，是一家老骑楼下的小店。店面虽小，却整齐而有格调，墙上贴得满满的是手写书法的菜单，还有本土插画师为店面和老板创作的可爱漫画。

每天晚上十点过后，刚刚逛完北京路的情侣或是刚从图书馆自习完的学生，都会把小店挤得满满当当。搭台、等位、排长龙是这里最常见的景象。

玫瑰甜品店做的是创新的粤式甜品，很适合年轻人的口味，其中最受欢迎的招牌甜品就是“杏仁豆腐”——清甜不腻口，杏仁的香味恰到好处，就算饭后很饱也能吃下一碗哟！

百花甜品

店如其名，花款百搭

始创于 1986 年

百花甜品创办于 1986 年。百花主攻传统糖水，材料普通，却款式百搭。它的独特之处是其他甜品店无法企及的，那就是品种多得令人眼花缭乱的点餐单。点餐单挂在收银台上方，上面写着密密麻麻的糖水名录，经常能让点餐者患上选择苦恼症。百花的厨房是敞开式的。各种糖水和配料熬好后，倒入一个个小格子里。点完餐，就看到厨房阿姨接过小票，打开格子，麻利地为你搭配糖水，迅速端到你面前。

达杨原味炖品

想把碗也吃掉的滋味

始创于 1984 年

达杨原味炖品位于文明路 160 号，创办于 1984 年，是一家以炖制广式汤品为主的小店。这家炖汤店在糖水街的范围内，不仅没有被忽略，反而生意火红得忙不过来。这都是因为广州人除了爱糖水，还更爱汤水。

每天，临近中午的时候，达杨炖品店门口就开始聚集了一条等待第一轮炖汤出锅的人龙。食客们为了喝一盅真材实料、够火候的靓汤，排队等位，拼桌搭台，外卖打包都毫不介意。这景象会一直从中午 12 点持续到晚上 12 点。

达杨炖品里最受欢迎的便是原只椰子炖竹丝鸡或炖鹌鹑这两种。椰子里的汤水是椰青水，蒸汽炖得椰子肉和鸡肉都完全出味；打开椰子盖，椰香扑鼻，汤水清甜鲜美，还有补而不燥的功效。汤喝完了，意犹未尽的食客还会小心翼翼地把椰子肉一点一点刮下来吃，像是要决心把碗也吃掉一样。

顺记冰室

西关人家的消暑圣地

始创于 1920 年代

顺记冰室位于宝华路 85 号，创办于 20 世纪 20 年代，是广州历史最长的冰室。

冰室原是售卖冷饮、雪糕、冰沙等冷冻食品的小店，兴起于民国时期，在气候炎热的广东，尤其是粤港澳一带最为流行。旧时没有空调，连风扇都是奢侈品，所以每逢酷热天气，人们都热衷于到冰室去“饮冰”（喝冷饮）降温。当时广州有“太平”、“的彩”、“美利权”、“顺记”这四大冰室。

后来，随着雪糕技术的发展和空调的普及，人们已经不需要专程到冰室去降温避暑，以至于大部分冰室选择了转行或者结业。时至今日，四大冰室中唯顺记与美利权（太平馆）还在经营。

顺记冰室的长盛不衰，在于它拥有招牌甜品椰子雪糕。这一美味，装载着许多广州人的童年记忆。

椰子雪糕的秘密

顺记冰室的椰子雪糕，是来客必尝的招牌甜品。大家吃过都称赞它口感特别，椰香十足。

其秘诀就是选料讲究。原料有国产椰子和泰国椰子两种。其中国产椰子水分大，椰味清香，而泰国椰子油分大，椰味浓郁，师傅将二者合一，调和到最佳状态。

而其特别的口感来自雪糕中的椰丝。师傅先将椰肉刨成细丝，蒸熟，再榨成浓厚的椰浆，然后加入鲜奶和糖配好比例，放入冷柜冰冻，制成雪糕。

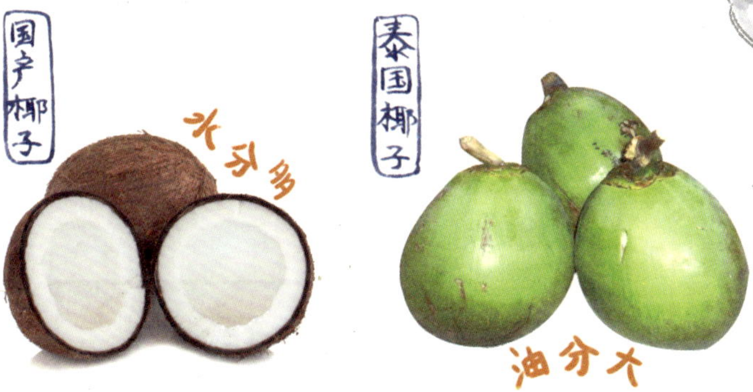

白手起家

顺记的创始人吕顺是广东鹤山人士，原经营收买旧物的小生意，后来苦于生计，投靠在泰国开冰室的姨妈，学得雪糕制作技艺。

回国后，吕顺先在香港九龙开创了自己的第一家冰室，但由于战乱，冰室结业。吕顺到了广州后，重操旧业，自制雪糕，挑担沿街叫卖。

20 世纪 20 年代，雪糕工艺刚从国外传入，雪糕是当时最为新潮、时髦的美食，加上吕顺的雪糕椰香浓郁，所以很快就成了抢手货。小有积蓄后，吕顺在第十五甫开设了顺记冰室。虽经时代变迁，几经易手，但冰室却一直经营至今。

顺记冰室的前台常年摆着一个发芽的椰子当盆景。

姜撞奶

姜撞奶姜味十足，在冬天时最受欢迎。

紅豆双皮奶

香滑的双皮奶与软綿的紅豆是绝配。

南信

顺德甜品的省城传奇

始创于 1934 年

南信牛奶甜品店位于第十甫路 47 号，始创于 1934 年。创始人黄景云原在大良经营“民信甜品店”，后设分店于广州西关，原名“大良南信”。专门经营顺德风味甜点与小吃。而今天的南信还保持着这一特色，每天客似云来，货如轮转。任何时候来到店面都要排队或搭台。

南信的双皮奶是店内甜品中的主角。双皮奶的制作方法源于顺德大良，据说早在清咸丰年间就已流传。它的原料简单，只需要水牛奶、糖和蛋清即可。制作时，先加热牛奶，倒进碗里，表层冷却后就会凝结成奶皮，关键是要倒出奶皮下的牛奶，并加入蛋清和糖调匀，再灌入之前倒空的奶皮中。第二层牛奶再次凝结之后，便形成了两层奶皮。最后再蒸半个小时，一碗口感香滑的双皮奶就大功告成了。

事实上，广东许多甜品都善用这几种简单原料，如凤凰奶糊、姜撞奶、炖蛋等。而双皮奶的特别之处就是通过巧妙的方法使甜品表面形成浓厚的奶皮，风味特别。

开记

一碗绿豆沙的细心
始创于 20 世纪 20 年代

开记甜品原址位于龙津东路 865 号，始创于 20 世纪 20 年代，有四代祖传的秘制绿豆沙，被誉为“绿豆沙世家”。

开记甜品的创始人叶建开，人称“豆沙开”，自小就跟随外祖父学习甜品制作，小有积蓄后开设小店，经历过“巴黎甜品屋”、“陈林记”的更名，最后在新中国成立时确定“开记”为店号。如今开记甜品已传承到第四代，分店也越开越多，祖传的脱壳绿豆沙仍在街坊间热销。

开记甜品的绿豆沙，其特别之处在于精选好料。首先，它所有的绿豆都要精细脱壳，糖量是一半红糖一半白糖，红糖滋润，白糖增甜。然而，最惹味的是加入了陈皮和一种有特殊香味的臭草同熬。

臭草，是一种能和绿豆相得益彰的香料，属于芸香科植物。芸，香草也。虽说是香草，但有些人却觉得臭，所以民间又俗称其为“臭草”。一碗加了臭草的绿豆沙味道层次也升华了。

开记甜品店的“剥壳绿豆”，香滑绵软，入口即化；红豆沙则很绵，加上汤圆更完美。

坚记面店

长寿路上的伊面世家
始创于 20 世纪 30 年代

坚记面店位于西关的长寿东路 301—303 号，始创于 1930 年左右，是一间以伊面为特色的面食店。如今的坚记装修简朴、怀旧，其中最显眼的是橱窗那满满叠起的伊面卷饼——这就是坚记最招牌的长寿伊面。

伊面的传说

伊面，是一种油炸的鸡蛋面。因为经过油炸，它可以长期保存。伊面的质地松而不散，吃起来并不油腻，有爽口弹牙之感。伊面的全称是“伊府面”，出自清代惠州太守伊秉绶的府中。伊秉绶交际甚广，家中宾朋满座时，厨师往往忙不过来。于是伊秉绶让厨师用面粉加鸡蛋制成面条，卷曲成团，晾干后炸至金黄，以储存备用。这种面只需放到水中一煮，再加上佐料即可食用，可以说是方便面的前身。诗人宋湘曾到伊府做客，尝过此面后觉得非常美味，便说：“如此美食，竟无芳名，未免委屈。不若取名‘伊府面’如何？”从此，就有了“伊府面”一称，简称“伊面”。

①在面粉里加鸡蛋。

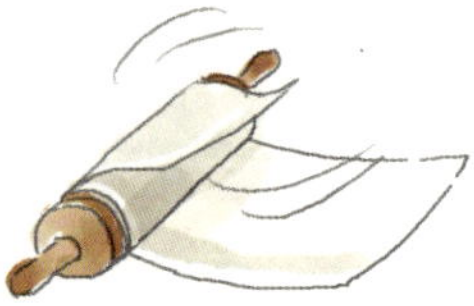
②经过反复擀压形成长长的一张面皮。

③在面上刷上生粉。

④把面切成一根根长条的面。

⑤炸成面饼。

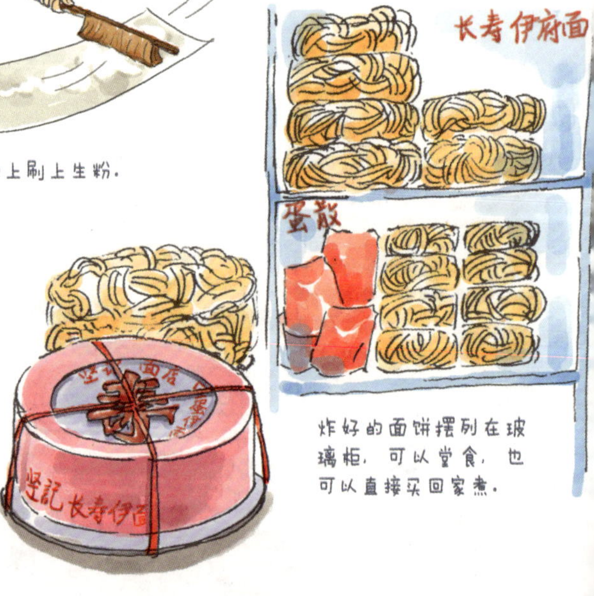

炸好的面饼摆列在玻璃柜，可以堂食，也可以直接买回家煮。

长寿路上卖长寿面

由于整个伊面饼号称由　根长面条卷成，所以伊面又有“长寿面”这一别称。

坚记面店地处长寿路，又主卖长寿面，人们认为坚记是“长寿路上卖长寿面”，有双重长寿的意头。老广们庆祝生日时，也都爱来坚记买伊面，以求平安长寿。

银记肠粉店

以肠为王
始创于 1958 年

银记肠粉店位于上九路，始创于1958 年，有“以肠为王”的美誉。

肠粉起源于广东，在清末民初就已有制作，常见于街巷食肆，是平民百姓填肚的美食。最初的银记肠粉由文昌路几个小贩合伙创办，其中有位银姐，原在街边卖肠粉时已小有名气，所以这家店便取名“银记肠粉店”。当时附近有美华、平安等戏院，人气旺盛，从而带旺了银记的生意。

银记肠粉，有“粉薄、味鲜、爽滑”等特色。原料用增城米研磨而成，蒸出的肠粉爽滑通透。米浆即磨即做，保持味鲜。此外，蒸肠粉时还需用布垫在米浆下，让蒸汽不会滴到肠粉上，使拉出的肠粉光滑不黏。

如今，银记的分店已遍布广州，逛街时饿了，到银记尝一碟布拉肠，也是个绝佳选择。

①将米浆均匀倒在铺有布的蒸屉上，再加入菜、肉等配料，然后放入蒸笼中。

陈添记

美味贵精不在多
始创于 1940 年左右

陈添记如今的招牌仍是创始人陈程添在三十多年前所写的。

陈添记现位于宝华路十五甫三巷，始创于 1940 年左右，是西关有名的小食店。它藏在深街小巷内，门面不显眼，简单的几张折叠桌椅上，却坐满了专程前来寻味的“为食客”。

20 世纪 40 年代，创始人陈程添凭着家传的手艺，在梯云路开了顺德鱼皮小吃店，后来公私合营，他离开了本行。20 世纪 70 年代末，陈程添重执顺德爽鱼皮的旧业，再次开设了陈添记，经营至今。

小店只专注做三种美食：祖传爽鱼皮、豉油王蒸猪肠粉和艇仔粥。食客们无需为选择苦恼，只需三样点齐，就可以享受到一顿分量合适的西关风味小吃。

祖传爽鱼皮用鲩鱼皮制作。把鲩鱼皮先用碱水洗净、白开水烫熟，再进行 -10℃ 的冰冻——“过冷河”，以保持新鲜爽滑。上碟时用自家酿的酱油，加香菜、花生、姜丝等搅拌，即成一道美味。

欧成记

玻璃云吞功夫深
始创于 1940 年

欧成记面店位于西关第十甫路，始创于1940年。它原位于中华路（解放路），1946年在第十甫路开设分店后，一直经营至今。

欧成记以竹升面名满西关。竹升面起源于清朝末年，是用鸭蛋做的全蛋碱水面。其制作方法很特别，需要师傅利用竹升（一杆大茅竹）擀面，使面团受力均匀，令其口感“烟韧”（有嚼头），爽滑可口，因而深受广东人的喜爱。

竹升面的好搭档是欧成记的玻璃云吞。它用猪肉、虾仁、鸡蛋拌制馅料，再用薄皮包裹，煮熟后分量饱满而又晶莹剔透，可以清晰地看到内馅，故得“玻璃云吞”之美誉。

八珍煎饺老店位于北京南路高第街 213 号，20 世纪 80 年代就开始经营。黄色的门面总飘溢着诱人的香气，令人食欲大动。除了招牌煎饺，店里还另售猪红汤、萝卜牛杂等大受欢迎的小吃。由于价格公道，往往成为放学归家的饥饿学生们的饭前餐。

八珍的煎饺，内馅分为猪肉、韭菜、韭黄、玉米几种，惯用五香粉和胡椒粉混合煎烘，皮薄馅靓，与南方的大红浙醋和蒜蓉辣椒酱搭配起来滋味一流。路人经过，可在这小店里停留片刻，享受那美味。

八珍

招牌煎饺味诱人
始创于 20 世纪 80 年代

伍湛记

三元及第好意头
始创于 20 世纪 70 年代

伍湛记老店位于龙津东路 871 号，创办于 20 世纪 70 年代。老板伍湛是顺德人，专做日常小吃，尤其拿手的是做粥。

伍湛记最初建店在文昌横街，附近是西关老城闹市，其及第粥做得出色，米香料多，街坊们都很赞赏。及第粥的食材有猪肝、猪肚、粉肠、肉丸，每一样都有不同口感和鲜味，再加上“及第粥”这个好意头的名字，很快就成为远近驰名的广州名牌小吃。

说起“及第粥”这个名字的来源，由于年代久远，已经无从考究了。但坊间一直有很多不同的故事版本在流传。最为广州人所熟悉的一个版本便是与明代广东才子伦文叙有关的。相传伦氏幼时家贫，以卖菜为生。隔壁粥贩觉得他可怜，于是每天中午以收购蔬菜为名，让伦文叙送菜到他家。这时，粥贩便总以猪肉丸、粉肠、猪肝等猪肉杂料生滚白粥，请他吃过再回家。后来伦文叙高中状元，一直挂念那粥的味道，于是重回故地，再吃了一碗猪肉杂料粥。由于此粥无名，伦文叙要为其题个好名，便想到殿试前三名称为状元、榜眼、探花，简称“三元”，科举考试中选又称“及第”，于是“三元及第粥”这个响亮的名字就此诞生了。

皇上皇

秋风起 食腊味

始创于 1940 年

皇上皇的标志形似一顶皇冠，寓意腊味之王。

皇上皇创始于 1940 年，现总店位于下九路与文昌南路的交界处，是一间专营腊味的老字号。

众多的腊味作坊中，数皇上皇的腊味最为出名，因腊味种类多、腊料香，并且物美价廉，所以有“腊味之王”的称号。

皇上皇最早建店在海珠南路，由于历史原因而遭到了拆除。如今下九路的皇上皇是现存最老的门店，于 1947 年所建，这栋建筑至今已有 60 多年历史。

当年 VS 今日

20 世纪 30 年代，在文昌路口与上下九交界处，你能找到老照片内皇上皇的招牌吗？

时至今日，皇上皇老店的门口依然人头涌涌！

富有岭南特色的满洲窗。

墙面上的神话灰塑。

排长龙

老店的骑楼下，每天都可以看到有一条长长的人龙。询问一番才知道原来大家在排队买一种特价腊肠。这种腊肠，多年来保持 16.8 元 500 克的低价，每天限量供应，售完即止。知行情的街坊们总会早早来排队抢购，久而久之反成了老店的一道风景线。

用广东话读 16.8 元（十六个八）谐音“一路发”，不仅使街坊容易记忆，又祝福老店一路兴旺，一举两得，同时“特价肠”是皇上皇招揽人气的一大秘诀。

逛下老店

走进上下九的皇上皇老店，可见商架上密密麻麻地挂着腊肠、腊鸭、火腿等，犹如进入了腊味博物馆。案桌上摆放着剪刀，街坊可以自己剪取用麻绳吊着的腊味，买多少剪多少，剪完再拿给师傅称量计账——这也是从旧时腊味作坊流传下来的售卖方式。

由于腊肠总是两条连在一起，以求好事成双，所以老广们去买腊肠时，会有“去剪一孖腊肠”的说法。

腊味大杂烩

皇上皇的腊肠种类五花八门，有二分肥、八分瘦的二八肠，三分肥、七分瘦并寓意“始终如一”的如一肠，十分瘦肉的全瘦肠，用致美斋天顶头抽腌制的头抽肠，还有猪膶（猪肝）肠、鸭膶（鸭肝）肠、金银膶等品种，满足不同人的需求。

广东人在口味上偏爱清淡、略甜，所以广式腊肠都带着些许甜味。同时，广式腊肠会用汾酒来调味，尝起来略带酒香。

发财金猪

店里有一对发财金猪，是用乳猪腊制而成，穿上衣服，十分有喜感。店员说这是皇上皇的招财吉祥物。

白手起家

皇上皇的创始人是谢昌，番禺人氏，原是街边的一个小摊贩，卖的都是咸鱼、茶叶、沙榄、肥皂等杂货。后来谢昌在机遇下学得制作广式腊味的手艺，于是在杂货中加入自制的腊味，结果大受欢迎。于是谢昌在海珠南路觅得一处地方建店，并命名为“东昌腊味”，正式经营起腊味生意。

旧时的腊味只有在秋风起时才能风干制作，所以春、夏炎热时期，谢昌就用制腊味剩余的脂肪油渣来制作肥皂。春、夏卖肥皂，秋、冬卖腊味，渐渐成为旧时皇上皇腊味店的一个特色。

“皇上皇”诞生

关于“皇上皇”这一名字的来源，据说源于伙计的一句无意之言。

海珠南路是干货、副食品的天堂，腊味在这里有很好的销路。经过悉心经营，东昌腊味店渐渐为人所知。在某年的回南天，因为潮湿，新制的一批腊鸭变得更加泛黄，却反而热卖，一个伙计便说：“黄上黄了。”谢昌当时正筹划为此店重新起名，听了伙计的这句话后突然灵机一动，说道：“黄上黄，又是‘皇上皇’！多霸气的一个名字！”

于是，谢昌就在原来的招牌上加标“皇上皇”三字，腊味店也随之改名为“东昌皇上皇”。

广告效应

谢昌是个精明的商人，除了保持出品优质和店名响亮之外，同时也深知广告之道。

在 20 世纪 40 年代，海珠大戏院是广州的戏院之冠，地处繁华的长堤大马路，装修豪华，只有达官贵人才能消费得起。过去粤港澳的剧团，均力争到此演出，以求抬升身价。

谢昌看到了这个商机，花钱送了一块绣着“东昌皇上皇腊味店”字样的巨大舞台帘幕给海珠大戏院。这块帘幕起到了很好的广告作用。观众们在等待看戏的时候，就先看到帘幕上“东昌皇上皇”几个字，从而留下深刻的印象。

肥皂广告成民谣

皇上皇在秋、冬时投放的腊味广告获得奇效，而到了腊味停产的春、夏两季，便开始为作为副业的肥皂投广告了。

20 世纪 40 年代，电视还没有普及，广州人在茶余饭后都爱守着收音机，听自己喜爱的电台节目。皇上皇察觉到这个宣传商机，便在电台上轮番播放自己的广告，还请人作了一首朗朗上口的歌谣。

“阿伯阿伯，乜你件衫咁邋遢，买件皇上皇擦几擦，包你雪咁白。”（阿伯阿伯，为什么你的这件衬衫那么邋遢，买一件皇上皇的肥皂来擦一擦，保证白得像雪一样。）

腊肉敬师长

“腊”的制法，相传在上古夏朝时开始流行。《仪礼》《周易》等文献中就有关于“肉甫”和“腊味”的记载。

古人为了防止肉变质，就把肉风干、腌制之后再储存。春秋战国时期，人民生活困苦，大部分民众供不起子女上学。有教无类的孔子在《论语》中说了这么一句话：“自行束脩以上，吾未尝无教诲焉。”其中，“束脩”指的便是腊肉。其大意是：“只要送上腊肉，我都愿意教导他知识。”

后来，送腊肉给老师便成了古时交学费的一种形式，也成了敬师的一种习俗。

腊肠的起源

而关于腊肠的起源，最早能追溯到公元前8世纪。据记载，当时法国高卢一带特产香肠，是灌肠技术的发源地。后来香肠传至波斯与中东，于唐宋年间，由经商的阿拉伯人和印度人将此食品带入中原。

后来广东人把这些灌肠的制作方法与本地腌肉的工艺相结合，使用猪肠为原料做肠衣，创造出了独具一格的广式腊肠 。

沧州栈

最老的腊味店
始创于 1903 年

沧州栈始创于 1903 年，是现存的广式腊味作坊之中历史最悠久的一家。

沧州栈创始人黎敦潮早年在佛山跟随过沧州的师傅学习腊味制作，渐有心得。在祖母的支持下，于广州中山四路开设了自己的第一家腊味店。为纪念教会自己做腊味的沧州师傅，所以小店取名为“沧州栈”。

悉心的经营加上对腊味的创新追求，让沧州栈在广州渐渐声名鹊起，独创了不少招牌腊味。其中的鲜鸭肝肠，保持了鸭肝的肉鲜，还包含了糖酒味道，入口既不失腊味，又口感新鲜。在 20 世纪 40 年代，广州著名食肆凡有腊肠菜式，都用这“沧州鲜鸭肝肠”来配搭。

八百载

世代相传
始创于 1937 年

八百载腊味是广州享誉 70 多年的老字号腊味店，始创于1937年，现位于东山龟岗。

创始人谢柏读过两年私塾，想为店起个有意思的名字，于是从《三字经》中选取了“周武王，始诛纣，八百载，最长久”的句子，将店命名为“八百载”，希冀自己的腊味店能像周武王一样开创基业，生意长长久久。

“八百载”的招牌原是一块黑底金字镶刻的匾额。在这块牌匾四周，写满十组“价真不二”的字样，用诚信经营。

今天看来，“八百载”这个名字的确带来了好运，像谢柏希望的一样，成为广州的老字号腊味店。它的腊肠保持咸甜适中，适合岭南人的口味，其招牌产品“太上皇香化肝肠”、“太上皇风肠”一直风靡不衰。

民国时期的广州腊味店。

当年腊味也在猪肉档摆卖。

致美斋

民以食为天，食以味为先

始创于1608年

创建历史

致美斋老店位于文德路与中山五路的交界处，始创于明代万历年间，是一家著名的调料品酱园。然而这家有着400多年历史的老字号，起初只是城隍庙前一家名不见经传的小食店。

创始人刘守庵热衷于功名，但科举落第让他心灰意冷，于是在广州城隍庙觅得铺位，开设了一间名为“品芳斋”的小食店，主卖油条、白粥等清淡食物。由于店处闹市，人气聚集，所以即使食物普通，却也生意兴隆。

然而，除了有地理优势之外，来往食客更为喜爱的却是小食所配的酱料，这让聪明的刘守庵看到了商机，于是果断把食店转营酱园，更名“致美斋”。

酱料秘诀

为了精益求精，刘守庵请来京城的师傅造小磨麻油，浙江的师傅造酱，阳江的师傅晒豆豉，增城的师傅加工榄角，并自己释读《齐民要术》，学习酱料的酿造技术。刘守庵这种对制酱工艺一丝不苟的精神，使制出的酱料正宗、美味，深受人们喜欢。经过代代传承，致美斋酱园渐渐声名远播，在清末民初时期，就已经与北京“六必居”、扬州“三和酱园”、长沙“九如居”并称为中国四大酱园。

致美斋在中山四路的老铺经营了将近四百年.

整个晒制的过程需要近1年的时间，如此漫长的周期增加了成本，但是晒出的酱油无疑是至美至精的。

酱园当年

致美斋早期是前店后坊的布局，后来把工场设在光塔街，临近文德路老店，供货十分方便。至清朝末年，在光塔街的酱园已初具规模，园内的酱油缸大大小小不计其数，常能见酱油工人繁忙地穿梭其中。

酱油的传统制作过程

“用水致纯，选粮致精，工艺致正，酱品致香，味道致美”，是致美斋的老店理念，也是对酱油制作工艺的最好诠释。制作酱料的工序繁多，共分为选、泡、酵、拌、晒、抽、灭菌、分装这几步，每一步都马虎不得。

①精选大粒饱满的黄豆。

②把黄豆浸泡涨大再蒸熟。

③待蒸熟的黄豆冷却后，摊铺于竹篙上发酵。

④按照一层黄豆一层盐，再泼一次清水的交替顺序填缸并搅拌均匀，填满后最上层为食盐。然后盖上盖子，并用牛皮纸封好。

⑤经过太阳暴晒之后，发酵的黄豆会产生化学反应，令酱油的味道与色泽提升。

⑥经过6个月的晒制就可以酿出酱油了。取酱油时在缸中间放下一个长竹篓，等酱油从竹篓的空隙中渗出时，便用竹勺将其抽出。

⑦抽到的酱油沉淀后再煮沸灭菌。

⑧最后将消毒后的酱油分装就大功告成了！

酱油与抽

“抽”是制作酱油时最为重要的步骤。先将一个柱形竹篓按进酱缸中间直至底部，让酱汁从竹篓的空隙中慢慢渗入，再用竹勺抽取。一缸黄豆最多可以抽晒四次酱油。第一次抽出的酱油为头抽，也叫“原汁”，是最高品级的酱油。抽出头抽后，再往缸中加盐和水，之后就可以等待第二次抽取，但其品质就远不及头抽了。抽取的次数越多，酱油的品质就越低。这四次抽取的酱油分别被酱油工人称为“头抽”、“二抽”、“三抽”和“四抽”，久而久之，“抽”这个名字便成了岭南一带酱油的代名词。

另外，生抽是正常工艺下酿造的酱油的统称，色淡味鲜，适合为菜肴调味、提鲜。老抽则是在生抽的基础上加入焦糖，再晒制2~3个月而成，色深味浓，适合为肉类增色。

我们博物馆里还存有一块清末时的致美斋老招牌。旧时这块牌匾差点被拆下来当柴烧。幸亏一名员工觉得这牌匾的大小适合做床板，于是就拿回家使用。多亏了这位员工，老招牌才能保留下来。

酱缸上的秘密

为了避免混淆酱油类别，旧时的缸上会塑有相对应的品名。而为了方便员工计算，则另塑有一种叫作“花码”的商用密码。

花码的用途相当于现代人熟悉的阿拉伯数字。古时，因中国汉字不便于运用在数学领域，人们便发明出一套记数系统，后来渐渐发展成这种花码，作为商用速记。

时至今日，花码已被阿拉伯数字所代替，但在港澳一带的某些旧街市、老店铺还有沿用。

每个缸都清晰地塑有酱油的名字。

花码一般会有两行，第一行记数值，与阿拉伯数字是一样的。第二行则是记量级，以辨别数值的单位大小。花码中的“〡”、“〢”、“〣”可以替换成汉字的“一”、“二”、“三”，以免有时混淆。如“〢〡”（21）与“〣”（3）相似，替换成汉字就成了“〢一”。

代入花码，意为“中抽4角8分一斤”。

生抽7角2分一斤。

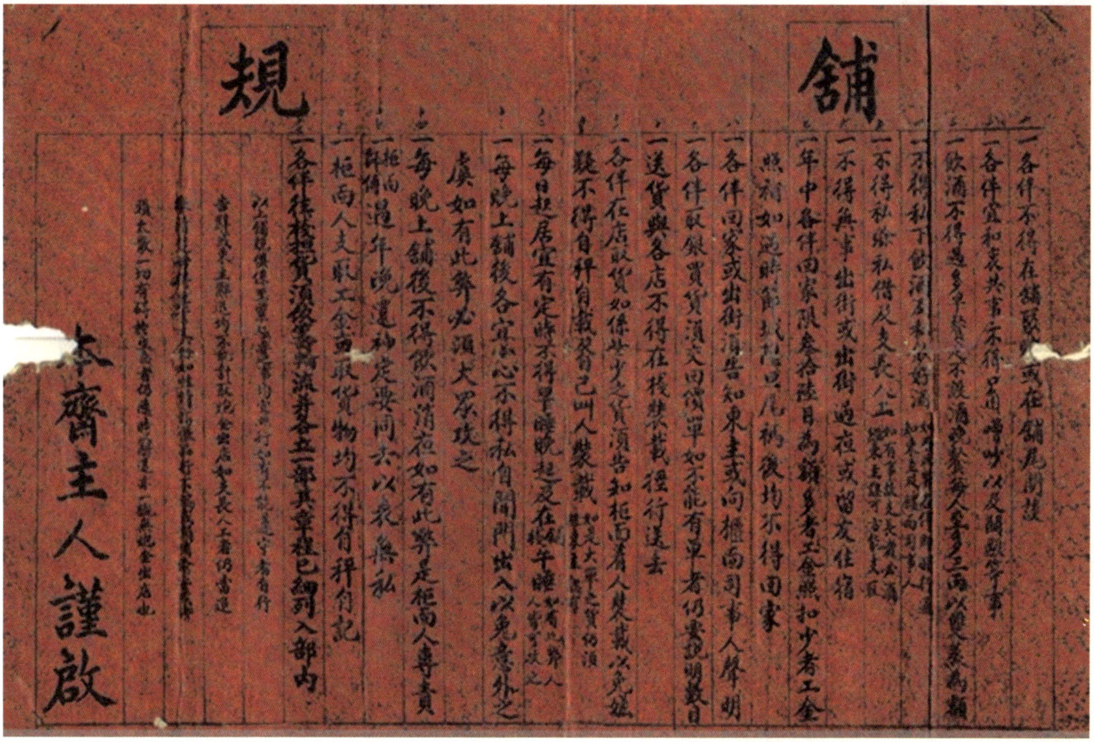

致美斋酱园在清代的铺规。

百年纪律

致美斋能成为四百余年的老字号，与它严谨的管理密不可分。根据资料记载，当年致美斋店铺的醒目之处便张贴着严格的铺规。

铺规里，详细地记载着十七条规定，包括员工的行为准则、品行操守，还有财务、仓库、运输、安保，甚至是作息等制度。

这张 1768 年制定的铺规，如今仍然存放在致美斋博物馆中。

这张是旧时致美斋“添丁醋头”的商标纸。广东的女性在生完孩子时，多有食醋煲猪脚姜进补的习惯，于是致美斋便把这种醋命名为“添丁醋头”。

致美斋博物馆

致美斋博物馆，位于文德路老店的二楼，里面收藏了许多致美斋的文物，包括有契约、商标纸、旧照片、清朝流传到现在的出货单、制作酱油的工具器皿、清末著名书法家苏若湖为致美斋题的招牌等，从中可以了解到致美斋酱油几百年的发展历史。如今博物馆对外开放，对酱油发展历史有兴趣的人不妨前去一看。

鹰金钱

罐头鲮鱼送饭香

始创于 1956 年

鲮鱼

鲮鱼产量高，肉鲜美，但在水温低于七摄氏度时就会死亡，只有在珠三角一带的温暖水域才能够生存，所以是广东才有的特产。

豆豉鲮鱼罐头是广东人的集体记忆。它是老人印象中最下饭的食物，是工人们最便捷的快餐，是妈妈做饭时最现成的配料，是加班人吃宵夜时最香口的零食……

鹰金钱罐头厂始创于 1956 年，豆豉鲮鱼罐头是其最出名的产品。

说到豆豉鲮鱼的历史，可以追溯到 19 世纪末。其时珠三角有很多人漂洋过海打工，在出发前家人都会备好简易食物，而最常见的一种，就是豆豉鲮鱼。把鲮鱼煎熟，用豆豉和油浸泡着，置于瓦罐里封存，便可以携带远行了。这种制作方法使鲮鱼既入味又不易变质，在当时的广东民间颇为流行。

1893 年，最早的民族工业——广茂香罐头厂按此配方做成罐头食品，成功创出了第一罐豆豉鲮鱼罐头，命名为“鹰唛金钱罐头”，后简化为“鹰金钱罐头”，一时大受欢迎。

1956 年，广茂香罐头厂改制，成了广东罐头厂，在员村四横路建厂，后正式更名为“鹰金钱罐头厂”。

老厂传奇

鹰金钱的老厂房原址位于员村四横路，曾是亚洲最大的罐头厂。

20 世纪六七十年代，罐头主要供应出口和军需，供求量十分大。当时没有冷藏库，豆豉与鲮鱼这些原材料一到，就要立刻加工。鹰金钱本厂的工人一旦忙不过来，附近的玻璃厂、氮肥厂就要停工支援，各大院校也调派学生参与生产，而运输时，甚至动用了军队的力量。

豆豉鲮鱼的原材料一到，鹰金钱的车间就开始忙碌起来，广州这一代不少人的父母，都支援过鹰金钱罐头的生产，人们戏称这是“原料大会战”。

当年旧厂房，今日创意园

鹰金钱旧厂房的面积达 16 万平方米，建筑以苏联式厂房为主，临靠珠江，曾有 3 个码头和 1 条铁路供给货运，还设有车站，以方便火车载进原料与运出成品。

时过境迁，如今的厂房已成为红专厂文化创意园，3 个码头被撤销，余留的一些旧机器，也被改造成了历史艺术品，供人欣赏。铁路路轨仍被保留，成为园区独特的一道风景线。

由废弃机器改造而成的历史艺术品。

王老吉
王老吉
古方正藥

老字號之

老药篇

妙手加仁心，智慧加坚持，岁月文火熬制，浓缩成飘着药材味的老故事。

陈李济

四百年老药不倒翁
始创于 1600 年

陈李济药厂现址位于广州大道南。北京路的陈李济老店创建于 1600 年，是广州最古老的传统中药品牌，被人称为“长寿不倒翁”。四百年来，广州人祖祖辈辈都用着陈李济的药，一代传一代……

因诚信而生

广东南海县人李升佐独自经营着自己的中草药店。有一天，他在天字码头捡到一包银子，老实的他一直在原地苦候失主，直到黄昏时分，终于等到失主陈体全。李升佐将银子如数归还，陈体全感动不已，于是将银子投资到李升佐的中草药店，提议两人合为股东，共同经营，并立约“本钱各出，利益均沾，同心济世，长发其祥”，把药店命名为“陈李济”，寓意“陈李同心，和衷济世”。

合资开铺

1600年，陈体全与李升佐合营的药店在大南门（今北京路）开业，并挂牌，寓意『陈李同心，和衷济世』，开始四百多年的长寿传奇。

拾金不昧

陈体全寻至码头时，李升佐将银子全数归还，陈感动不已，欲以钱银相赠。李执意不受。陈觉得李高风亮节，于是把银子投资给李的中草药店，提议两人合股，共同经营。

老店“架势楼”

在1600年至1998年这近400年的时间里，陈李济都扎根在北京路上。明朝时初建的陈李济药房为砖木建筑，面积不大。到清末民初时，陈李济已成为全国四大中药行之一，并把自己的药房改建为四层高的混凝土骑楼。其规模宏伟，横跨七个骑楼楼面，每根柱子上都写满了不同的药物名字和功效，密密麻麻铺满整栋大楼，显得大气架势（了不起），被老广州人称为“架势楼”。

“架势楼”的建成体现了陈李济的如日中天，当初的小小药店，成就了“大南药”的辉煌，这在岭南中药历史中，已成为一座丰碑。

中药博物馆

在广州大道南的陈李济药厂里，还建有一座仿制架势楼建筑风格的陈李济中药博物馆。其中浓缩了陈李济400年的发展历程，重现了许多旧时作坊制药、就医的情景，成为岭南中医药发展历史的一个缩影。

楠木榨油槽

“火兼文武调元手，药辨君臣济世心”，上联的“文”代表小火，“武”代表猛火，点明了制药时火候的重要性；下联的“君”是主药，“臣”是辅药，强调了中药配伍的准确度。这副对联是陈李济的制药理念，也是做人处事的道理。

烧柴火工人的蜡像据说是陈李济旧时员工的仿真像。

博物馆还原了当年陈李济大厅的情景。

机械双轮研船

朱砂研磨器

磨盘

捣药舂

传统手工研船

木制药材刨子

制药工具

随着制药历史的发展，为了方便炼制成药，药行发明了不少制药的工具。这些简单的工具，对制药历史有着巨大的推进作用，是如今机械化制药的始祖。

如现在陈李济中药博物馆里保存的楠木榨油槽，是旧时提取种子类药油的工具，其原理是用沉重外力推压木间的种子，使其渗出原油，滴进地下的盘里。而楠木里的种子也会被压成一个干饼状，成为可以和其他药粉混合的药料。

还有朱砂研磨器，用瓷瓦做磨壁，巧用齿轮搅动朱砂，让朱砂来回在磨壁上进行瓦磨过滤，降低朱砂的重金属含量。

诸如此类的制药工具还有许多，无一不见证了前人的智慧。

陈李济与“杏和堂

清朝时，陈李济用追风苏合丸治好了同治帝的病，被同治帝赐予“杏和堂”的牌匾堂号，这是对药行至高无上的嘉奖。

药馆不能随便称作“堂”。专门卖药、规模较小的，只能称为药店；规模比药店大，除了卖药还自制膏丹丸散的，是药行；只有既卖中药制剂，又自制成药，还有大夫坐堂把脉、诊断看病的，才能冠上“堂”之称号。与此同时，身为“堂”，要有一定的名气，如广州陈李济的杏和堂、北京的同仁堂、杭州的胡庆余堂等都是名噪一方的大药行。

“杏和堂”是同治帝感激陈李济治好了自己的病而御赐的堂号，寓意“誉满杏林，和衷济世”。在民国时期正式注册为陈李济商标，沿用至今。

陈李济无论怎样变迁，大厅都会挂着创始人陈公和李公的画像。

制药之道

当年的陈李济大厅为看病、抓药的场所，而后面则是一个繁忙的制药大作坊。

旧时人们到药行看病、抓药，通常来来去去就是那几个配方。为了方便，陈李济的医师便把这些配方中的草药舂碎，批量揉成药丸，以备顾客之需。后来，成药的需求量大了，就成了药行日常的工序。

传统的制药主要有蒸、炒、炙、煅四种炮制方法，以适应配方和制剂，在药性上符合治疗需要。制药流程普遍是出仓、拣选、粗加工，最后入仓备用，每一步都必须严谨细心。

蒸：将药物加辅料或不加辅料装入蒸制容器内，隔水加热到一定程度的方法。

炒：将药物置于容器内用火力连续加热，并不断搅拌到一定程度的方法。

炙：把液体辅料加入药物拌炒，使辅料逐渐渗入药物内部的方法。

煅：将药物直接放于无烟炉火中或适当的耐火容器内煅烧的方法。

滴水成珠

陈李济的作坊中，有一个有趣的制药工序——煮蜜糖。蜜糖通常要烧至 110 摄氏度，炼成老蜜方能入药。当时没有准确检测温度的仪器，有经验的师傅会在炉边放一碗水，然后捞一勺煮沸的蜜糖滴一滴进水碗里，若蜜糖“叮”的一声在水中结成珠状，就证明蜜糖已是 110 摄氏度的老蜜。这种检测窍门被师傅们称为“滴水成珠”。

百年陈皮

从陈李济药行创建起，便已开始制作陈皮。每逢冬柑季节，陈李济都会到广东新会收购上等柑皮，将其洗净、晒干，用麻袋包好，再用竹签标明年号，运回总店的二楼果皮仓储存，以便炼药。

陈皮越老越珍贵，经过多年蕴藏，陈李济的陈皮已成为珍贵的宝贝，无论在药用价值或实际价值上都远远超出了一般水平。据说陈李济的百年陈皮需要用同等重量的黄金来交换。

后来由于传统的陈李济陈皮已停止制作，这批遗留下来的老陈皮就更加价值连城，只赠不卖。宋庆龄、何香凝都曾收到过馈赠，与陈李济一直保持着“陈皮之谊”。

旧时陈李济蜡丸的牌匾一直保存至今。

防腐蜡壳丸

陈李济炼药众多，但岭南地带闷热潮湿，中药常常会发生霉变或被虫蛀。过去曾有用瓦罐盛载，但运输过程又容易破损。陈李济为了改变这种情况，在康熙年间，开始研发蜡壳丸的工艺。

蜡壳，具有防水、防虫的作用，能很好地隔绝外界杂质。其本身没有毒害，把药置入其内不会引起不良反应。而且，蜡壳方便运输，不会破裂流出，十分适合放置药品。

陈李济使用蜡壳丸后，大江南北的药房也纷纷效仿，使蜡壳丸成了中药的划时代产品，沿用至今。

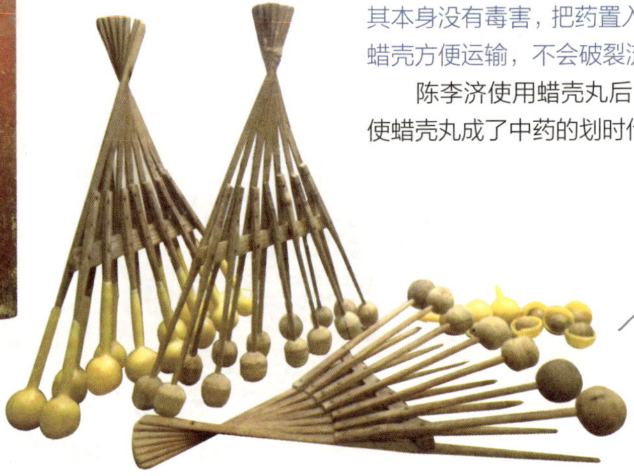

把扇形的竹排放入蜡液中，拿起晾干便成了蜡壳原形。

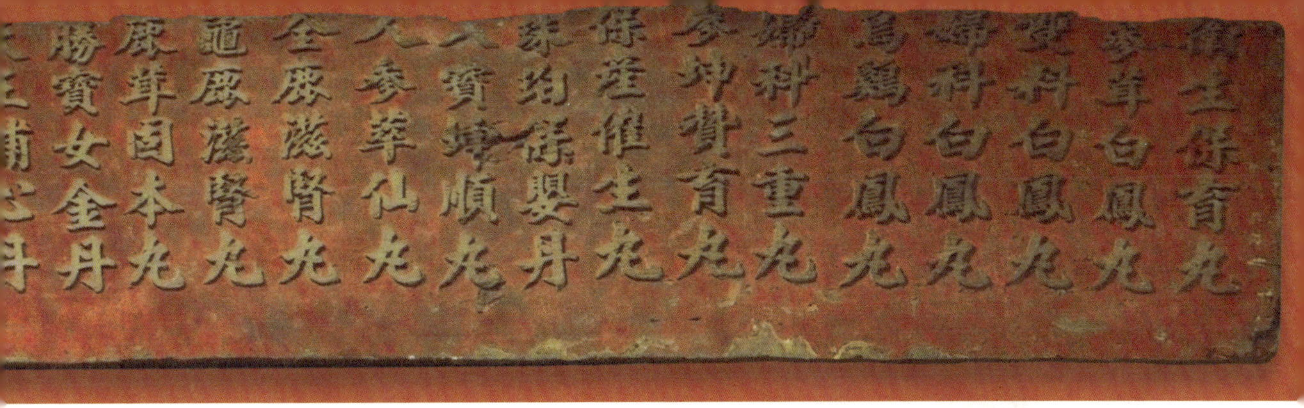

从罐子到盒子，从盒子到蜡壳，药丸的包装一直在演变。

蜡壳丸制作工艺

陈李济制作蜡壳丸，有串丸、蘸蜡、锞蜡、入丸、封口和剪蒂这几步。

先做好各种规格的木丸，然后将木丸串在扇形竹排上，浸入蜡液内后取出，放于水中冷却，便成了蜡丸的形状。接着将蜡壳丸和扇形竹排分离，再剖开蜡壳，取出木丸，放入药丸，合上蜡壳置于封丸板上封口，剪掉蜡蒂，最后盖印标明药名。一个成药的蜡壳丸正式完成。

药丸包装好后，用象牙印章盖上药名。

消防车

陈李济出资购置英国产的消防车。

“陈李济”消防队

清末民初，广州民房多为砖木结构，容易发生火灾。陈李济便在英国购置了三辆消防车，成立了义务消防队。每当有火灾，工人们便推着消防车，提着药箱，赶往事发地救火。

消防车配置有手压的水枪、水桶、大小绳索、竹梯等，还有一药箱随行，装备齐全，颇有专业消防队的英姿。消防队队旗为黑色，写有“陈李济”三个大字。救火车出动时黑旗飘扬，给当时的广州街坊留下了深刻印象。

陳李濟杏和堂藥行

中药有着数千年的历史，主要是由八种剂型所组成，分别是膏、丹、丸、散、茶、曲、酒、锭，每一样剂型都有着不同的药效作用。

膏

将药物用水或植物油煎熬浓缩而成的剂型，一般外涂于皮肤。

丹

把矿物质经高温烧炼制成的丹药。

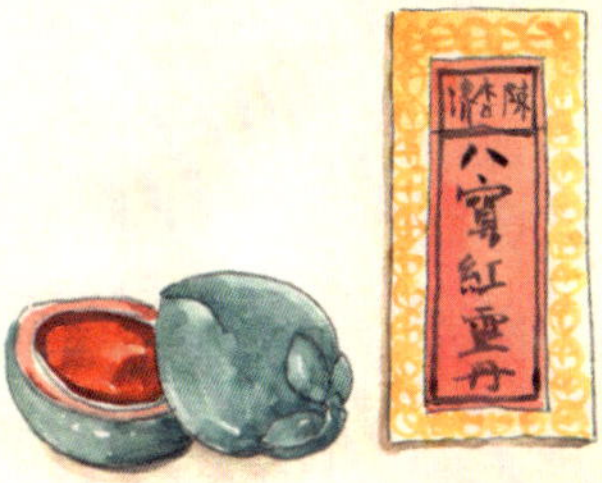

丸

将药物研成粉末，再加辅料制成圆形的固体剂型。

散

将药物研成粉末状的剂型，吸收较快，不易变质。

茶

茶剂是把药物粉碎，可以泡水喝。就如现在的午时茶、减肥茶等。

曲

将药末与面粉混合掺匀，使之不干不湿，经发酵后切块而成。多入脾胃而助消化。如六神曲、半夏曲等。

酒

又称药酒，常用来祛风、活络和通骨。

锭

将药物研成细粉，然后黏合而成，现在有紫金锭、万应锭等锭剂。

敬修堂

敬业修明，普济众生

始创于 1790 年

药行历史

敬修堂创于 1790 年，是一间以跌打外用药与小儿用药著称的制药行。

清乾隆年间，广州一口通商，浙江慈溪商人钱澍田，经常把丝绸从宁波运到广州贩卖。经商途中，钱澍田经过各地，得到了不少药方，自己也好读医书，经常自制膏丹丸散，施予沿途的病患者。

后来，钱澍田用自制的回春丹治好了一名富商的儿子，富商为感谢他，出资相助开办药行。1790 年，钱澍田的药行在广州城南门的太平桥旁正式开业，并为药行取名“敬修堂”，寓意“敬业修明”。

园田牌商标

敬修堂自创始起就有醒目的商标——园田牌，是钱澍田按自己的名字“有钱、有树、有园田”之意所设定的。

园田牌商标与古钱币的形象相似，隐含生意兴隆、财利滚滚。同时商标形状内方外圆，即“有规矩，成方圆”，寓意药行要有规有矩，与患者相处和谐，对病患者要关爱。

这个富有意义的商标一直沿用至今，在所有敬修堂的药品都标印有园田牌的商标。

石碑祖训

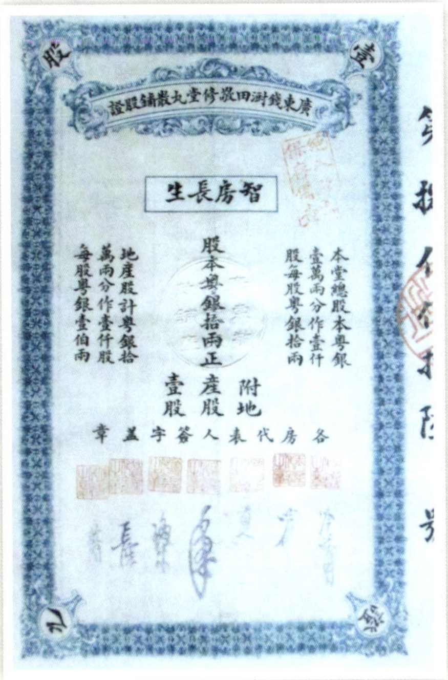

智房的敬修堂股权证明。

清同治六年（1867），钱澍田定立下了敬修堂传家的祖训。他曾有乾、坤两房太太；乾房下又分金、玉两房子嗣，坤房下则分为仁、义、礼、智、信五房子嗣。这七房之间，共同拥有敬修堂的股份，并订立了严格的祖训。

后来敬修堂失火，祖训被毁。为了复兴旧业，七房聚集到一起商议，重新立下了九条规定作为新的祖训，各房均存一份，并于清光绪九年（1883）刻记在石碑上，置于敬修堂老铺，以示后人。

石碑的九条规定，包括了利益分配、制约透支、分红方式、用人制度、亏欠赔偿、保存世业、屋契保管、药料药方管理和置办义田等九个方面，让各房利益平等，又互相制衡，是古时家族企业管理的典范。

"本堂七房议据照鉴石碑"祖训保存于南海黄岐的敬修堂药厂里。

第一条

分配股份，乾房、坤房各占50%股份。乾房有金、玉二子，各有25%股份，坤房下的仁、义、礼、智、信五子，每人10%股份，乾、坤共同管理药行。按股份利益来分红。

第二条

每个季度按股份分红，如某房透支未清，需扣足之后才能分红。

第三条

民主选举出督理、司事、司账三个管理者，其中最大的职位督理必须七房轮流坐庄，不能连年坐庄。而司事、司账则由抽签诞生。

第四条

如果哪个房有困难，可到药行申请借钱，但借用金额不能超过股份分红的数量。

第五条

股份不能外卖，只能卖给家族成员。

第六条

督理、司事、司账若徇私舞弊，要对其惩罚追究，督理赔偿规定金额的50%，当房人也要赔偿50%。

第七条

祖屋只能用于供祭，敬修堂的8份屋契，裁成16份，分于各房，谨慎保管。

第八条

药材必须选取地道，按祖方精制，不能偷工减料。而名贵药材要由督理亲自磨研，再交给下属。

第九条

将各处房产所收租金均置买义田，田亩较多时，将建立澍田公义庄，以赈济和赡养族人。

祖传狗皮膏药

狗皮膏药，历史悠久，传说由药仙铁拐李所创。它的制作方法是把药洗净、切碎、晒干，用油煎至黑色，滤走药渣，成为药油，再加入黄丹熬成膏，按患处大小摊开敷贴，对风湿骨痛、消肿有明显疗效。

虽然现在狗皮膏药已经停产，但在敬修堂的古药方中，仍有记载。敬修堂的严经理说，狗皮膏药在以前算是昂贵的老药，而且能反复使用很多次，在药物缺乏的农村得到一块会很珍惜，甚至把这一片小小的药膏当作传家宝，一用就是几代人。

经典万花油

要说敬修堂的镇店之宝，非万花油莫属。

跌打万花油，有治疗瘀伤、刀伤、烫伤的功效。岭南地区湿热，人们常有风湿骨痛之患，加上清末时的岭南武馆遍布，武术氛围浓厚，对跌打药需求大。所以跌打万花油十分畅销，是家家户户必备的良药。

传说，万花油原是由南派洪拳弟子所创，创始人是洪熙官的第五代弟子蔡忠。蔡忠少年时在佛山琼花会馆拜洪熙官的曾徒孙新锦为师，并按照师傅传授的秘方，精心炮制出万花油，专治跌打刀伤。后来日军侵华，蔡忠不想药方落入日寇手中，便把这一纸药方献给了敬修堂。这才有了今天我们买到的万花油。

在中药里，花是止血的，香是止疼的。万花油的配方里有108种药材，里面有大量的香花，有利于活血散瘀，能有效治疗各种痛症和伤口，成为当时武行人士的常备药。

潘高寿

止咳世家
始创于 1890 年

潘高寿始创于 1890 年，由广东开平人潘百世、潘应世兄弟建于广州高第街，店号“长春洞”。它起初只是一间主营蜡壳丸的小作坊，使其真正闻名于世的是第二代传人潘郁生。

明末清初时期，西药逐渐占据大部分药业市场。潘郁生察觉到传统中药面临的冲击，决定另辟蹊径，研发了中西结合的润肺止咳药——川贝枇杷露。岭南气候乍暖乍寒，广州人容易患伤风咳嗽，且当时肺痨病盛行，于是给了川贝枇杷露很好的发展前景。

潘郁生扩大宣传，以父亲潘百世和自己的头像为商标，印在精致的药盒上，还经常写些奇文在报上发表，引人注意。由于药效良好，川贝枇杷露渐渐成为家喻户晓的治咳药。

潘高寿厂址已从桨栏路、大同路搬到了番禺东升工业园。至今潘高寿川贝枇杷露仍在热销。

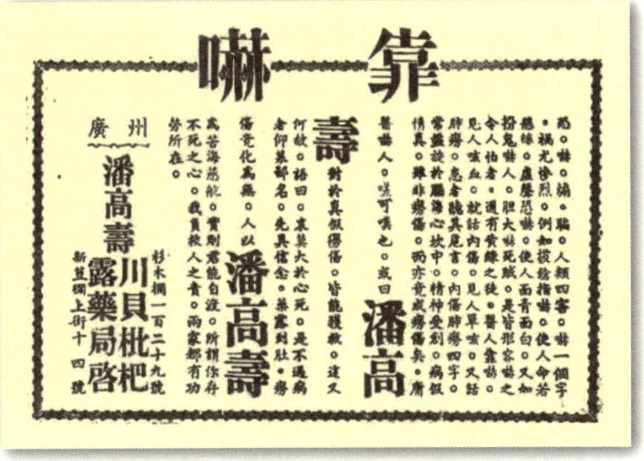

民国时期，肺痨病盛行，当时上海儿童感染肺痨病的概率高达百分之六十。潘高寿这一奇文广告，正是讲述了经过肺痨的惊吓，患者的病亡率更高，若服用潘高寿枇杷露，求个心安理得，大多会安全无恙，起到振奋人心的作用。

采芝林

誉满杏林

始创于 1806 年

采芝林，始创于 1806 年，本位于清风桥边（现中山五路 94 号），由南海河清堡的黎氏同族四人合股所建。初时以售卖珍贵的高档中药材为特色，吸引了许多达官贵人。当时的番禺举人刘华东还为采芝林亲书招牌。

至 20 世纪 30 年代，采芝林第五任传人黎子铭被选为广州杂药配剂同业公会理监事，继续扩张采芝林的业务，使其成为广州最大的以销售为主的药店。

如今，采芝林已有多间分店，仍以传统中药配剂为特色，兼售西药。大多分铺面保留了百子柜、老牌匾等复古装饰，保留着传统药房的特色。

林的来源

药房在取名时都用“林”字，如采芝林、宝芝林等，而这个“林”字，却是源于三国时期的医生董奉。

董奉是福州人，有很高的道术和医术，与当时的华佗、张仲景并称“建安三神医”。他隐居庐山，治病从不收钱，但要求患者痊愈后种杏树五棵。不出几年光阴，杏树已植有十几万，蔚然成林，结出的杏果由董奉拿去换成稻谷，救济穷苦人家，得世人称颂。后人为了纪念他，便以“誉满杏林”来比喻医生高明的医术与令人敬佩的医德，而“杏”和“林”，也就成了中药店爱用的字。

何济公

头痛克星
始创于 1938 年

何济公药行始创于 1938 年，原址位于广州河南鹤州直街积善里，是广州本土西药的代表。

创始人何福庆，是广东南海恩洲王圣堂村人，早年在武汉做生意，意外获得留美博士的西药配方。后来他回到广州开设药行，借乐善好施的济公之名，加上自己的姓氏，为药行取名为“何济公”。

何济公的西药秘方——止痛退热散（现在名为“阿咖酚散”），一直是药行的招牌产品。止痛退热散原名“灭痛星”，具有解热、消炎、镇痛的功效。它的成分并不复杂，是阿司匹林、对乙酰氨基酚、咖啡因三种的复方散剂。味感极苦，但容易吸收，且价钱便宜，所以一问世便受到民众的青睐。

一包止痛散，卖了几十年。从当初的药行，到如今的何济公药厂，止痛退热散的配方一直没有太大改变，消炎、镇痛的作用依然出色。人们已习惯把它当作痛楚的克星，甚至传唱“何济公，何济公，止痛唔使（不用）五分钟”的广告歌谣。

王老吉

老实凉茶传百年
始创于1828年

凉茶，是用植物原料煎水熬成的汤药。因为可消除夏季人体内的湿暑气，降火消滞，故名为“凉茶”。

在气候湿热的广东区域，人们无论发烧感冒，还是上火喉痛，都习惯喝凉茶作为调理身体的饮料。所以广东一带便诞生了许多以卖凉茶为业的老字号。

王老吉始创于1828年，是历史最早的凉茶，被公认为凉茶始祖。

王老吉创始人是王泽邦，小名阿吉，为鹤山人，由于爱采药为乡民治病，被称为“岭南药侠”。

传说，1828年他在清远飞来峡试药时遇险，幸被道士贵人所救，并获赠王老吉凉茶的药方。王泽邦回到乡下后，用此药方治好了乡民的天花和瘟疫，因而一举成名，被皇帝召入皇宫，半年后被封为太医院院使（清朝正五品官名，掌宫廷医药），后衣锦还乡，在广州靖远街开了一间凉茶铺，这就是王老吉凉茶。

林则徐亲自登门答谢王老吉，并送了一个雕有『王老吉』的大铜葫芦壶，寓意『悬壶济世，普救众生』。

感恩铜葫芦

据说，林则徐初到广东时水土不服，又因查禁鸦片操劳过度，患上了感冒等症，也找王老吉求良方医治。在服用王老吉的草药后，很快就痊愈。林则徐感恩戴德，亲自登门答谢王老吉，并赠雕有“王老吉”的大铜葫芦壶一个，寓意“悬壶济世，普救众生”。

旧时王老吉的广告.

老老实实王老吉

王老吉旧时是前店后坊的布局，屋后是伙计煲凉茶的地方。他们对凉茶煲制的要求很高，为了充分发挥药效，药材均是提前一晚就开始浸泡，等到第二天早上再用炭火煎制，增强药效。

据说，当时很多凉茶铺会故意添加猪胆汁增加苦味，以表示浓度高，但在王老吉凉茶铺，伙计们都不敢妄动药方，因此在外界有了“老老实实王老吉”的名声。

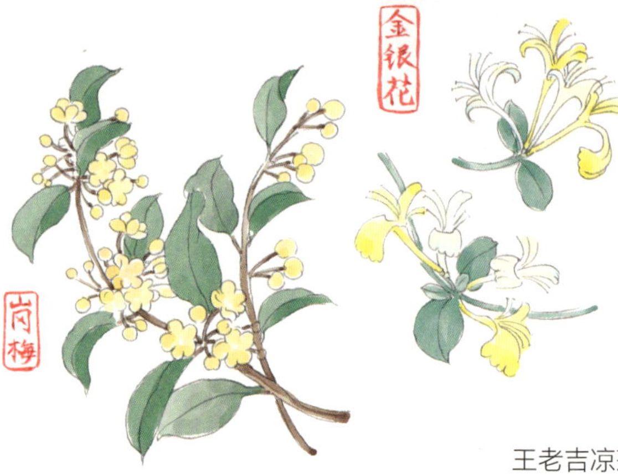

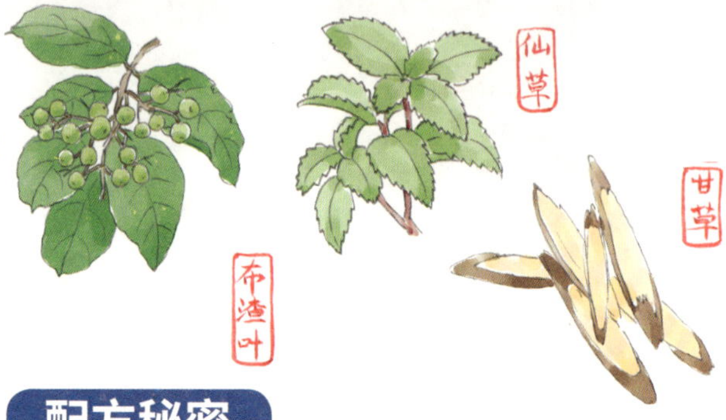

配方秘密

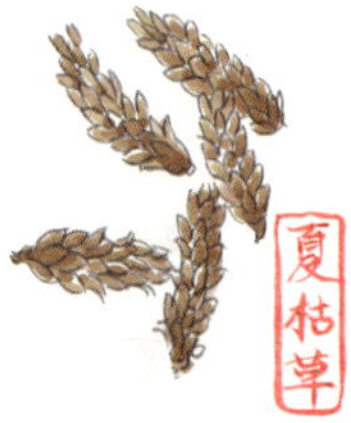

王老吉凉茶采用“三花三草一叶”的秘方——鸡蛋花、菊花、金银花、夏枯草、甘草、仙草以及布渣叶。这些草药具有清热解毒、润肺消暑的功效，合为一碗凉茶，便是广州人应付日常上火的良药。

除了“三花三草一叶”，王老吉凉茶原配方还含有岗梅。岗梅味苦、甘，性凉，能清热解毒，生津止渴，是凉茶的主要成分，其叶子外用还能治跌打损伤。

王老吉凉茶逐渐出名，当时清朝许多的官员、洋人都前来尝试。

老铺当年

王老吉靠近西关药市，取材方便，附近是十三行码头。搬运工、黄包车夫和来往客商等都爱来王老吉喝凉茶下火。而且当时店中有个不成文的规定——任何患者到店中饮王老吉一概不收钱，因此声望日隆。

王老吉店前摆着大铜葫芦，可以装下大概 100 碗凉茶，客人来时，往碗里扔上 3 文钱，便能从葫芦里倒一碗凉茶饮用，考虑到有的客人怕苦，王老吉在葫芦前还备有仁面凉果（一种开胃果）之类的小零食解苦，而这种小零食被人称为“送口”。

无论虚弱上火，还是四时感冒，王老吉凉茶皆能药到病除，也因此，一碗碗清热下火的凉茶渐渐成为岭南人四季饮用的饮料。

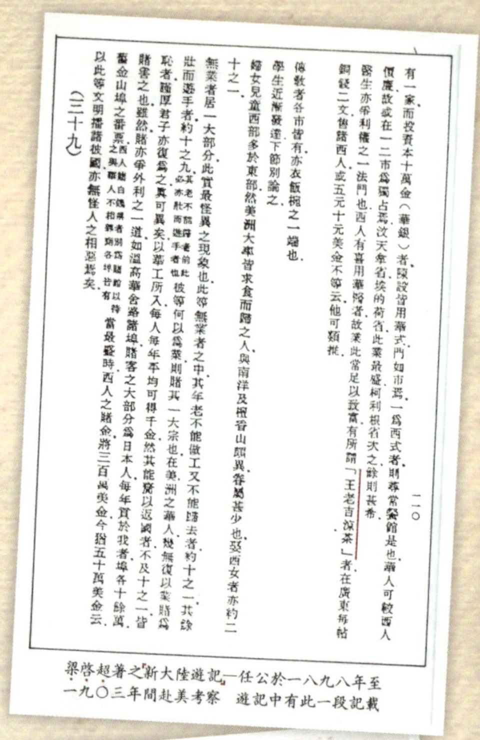

二一〇

有一家，而投資本十萬金（華銀）者，陳設皆用華式，門如市焉。一爲西式者，則尋常餐館是也。華人可較西人價廉，故或在一二市爲獨占焉。汶天傘省埃的荷省，此業最盛，柯利根省次之，餘則甚希。

醫生亦爭利權之一法門也。西人有喜用華醫者，故業此常足以致富。有所謂「王老吉涼茶」者，在廣東每帖銅錢二文，售諸西人，或五元十元美金不等云。他可類推。

傳教者各市皆有，亦衣飯碗之一端也。

學生近漸發達，下節別論之。

婦女兒童西部多於東部，然美洲大率皆求食而歸之人，與南洋及檀香山頗異，眷屬甚少也。娶西女者亦約二十之一。

無業者居一大部分，此實最怪異之現象也。此等無業者之中，其年老不能做工又不能歸去者，約十之一，其餘壯而遊手者，約十之九。彼等何以爲業，則賭其一大宗也。在美洲之華人，幾無復以業賭爲恥者，篤厚君子亦復爲之，真可異矣。以華工所入，每人每年平均可得千金，然其能儲以返國者不及十之一，皆賭害之也。雖然，賭亦爭外利之一道，如溫高華舍路諸埠，賭客之大部分爲日本人，每年貢於我者，埠各十餘萬。舊金山埠之番票，當最盛時，西人之賭金，將三百萬美金，今猶五十萬美金云。以此等文明播諸彼國，亦無怪人之相惡甚矣。

（三十九）

梁啓超著之『新大陸遊記』—任公於一八九八年至一九〇三年間赴美考察　遊記中有此一段記載

凉茶王国

声名远扬的王老吉，分店渐渐遍布澳门、香港等地，甚至当时梁启超赴美考察时，也能在街上见到王老吉的分店“远恒济”，其凉茶价格非常高。

现今，王老吉已打造了自己的凉茶王国，自制凉茶成为流行的饮料。有着180多年的历史，“王老吉”这个名字，就是广东凉茶的一个传奇。

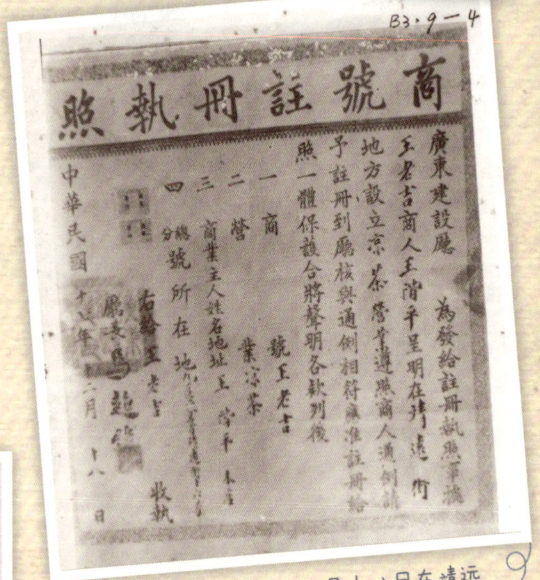

B3·9—4

商號註冊執照

廣東建設廳　為發給註冊執照事

民国十七年（1928）十二月十八日在靖远街设立的王老吉凉茶商号注册执照。

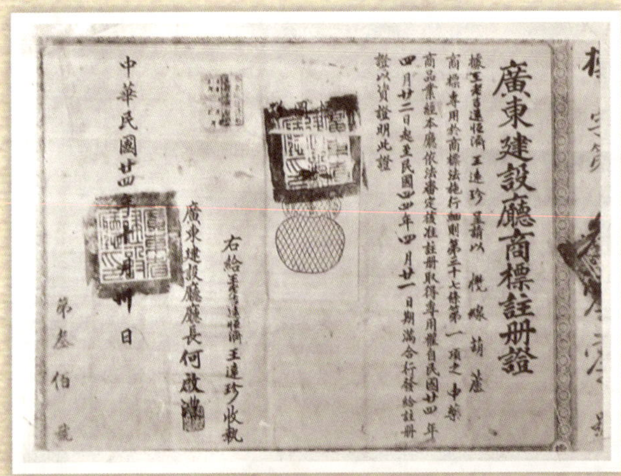

廣東建設廳商標註册證

中華民國廿四年十月卅日

廣東建設廳廳長何啟澧

民国二十四年（1935）十月三十日由王老吉远恒济王远珍在广东省商标局注册的“王老吉榄线葫芦”商标，并于1939年在国家商标局注册了该商标。

黄振龙

发烧发热有揸拿

始创于 1945 年左右

黄振龙凉茶铺始建于20世纪40年代中期，原址在广州仁济路原北平酒店（现北京旅店），创始人为黄振龙。1966年它因历史问题停业，在1996年由黄振龙的儿子黄富强重开，黄振龙凉茶才得以传承。

当年在黄振龙凉茶铺里，放着一个大铜葫芦，里面装的是招牌癍痧凉茶。由于癍痧凉茶有清热解毒、祛湿除癍、化痰止咳、开胃消滞的作用，对于癍痧症的防治具有显著的功效，成为人们心目中的“万能凉茶”，很快就在岭南一带有了名气。

为了宣传自己的产品，当时黄振龙除了叫伙计一边卖凉茶一边唱“饮番杯（喝一杯）黄振龙凉茶，材料足，功效灵”之外，还别出心裁地编了一首“黄振龙癍痧凉茶，发烧发热有揸拿”的口水歌，传唱得街知巷闻。

耕田公

骑楼下的苦尽甘来

创始于 1934 年

耕田公位于海珠区洪德路56号，始创于1934年。创始人谢志年少时在香港凉茶铺打工，学成一套特别的凉茶制作方法，回到广州后便开设耕田公。耕田公煲凉茶，先用煤炉文火煲药材三个小时，然后熄火加盖，焗一晚上，让药材味道充分渗入茶水中。翌日早晨再将其倒出，凉茶就会浓郁入味，药效甚好。

如今，有着八十年历史的耕田公凉茶铺狭窄的门面两边悬挂着“采药东篱下，悠然见南山”的木匾对联。桌前铁壶里盛着三种招牌凉茶，还有猪脚姜等副食。顾客点到，店主便会用青花瓷碗盛满递上。店内“苦尽甘来”四个大字，诉说了耕田公凉茶与街坊的感情。

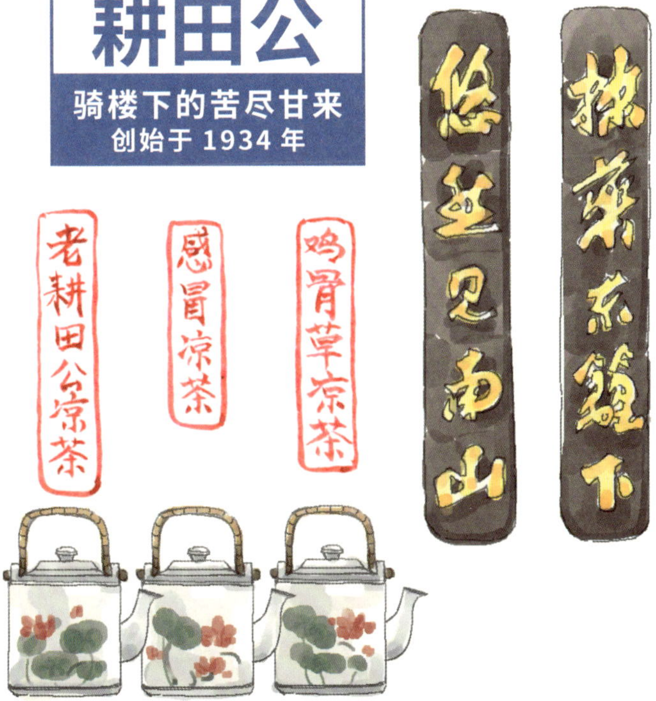

CENTRALHOTEL
中央大酒
新式鞋
大新公司
亚大酒店

老字號之老店篇

迎着百年风雨，逆着时间洪流，安静固执地立在城市一隅，守旧业，存人情……

三多轩

聚文人墨客，领百年风骚

始创于 1825 年

三多轩始创于清朝道光年间，是广东至今历史最悠久的文房名庄。它既售文房四宝，又兼撰文、写字、装裱字画、介绍书画家代客绘画等业务。

创建与兴旺

“三多”的本义是“多学、多做、多商量”。它最先是高第街里的一间熟药店，后由台山人黄其佩买下此铺位，在铺前售卖色纸、色笺、宣纸，为三多轩笺扇庄的历史拉开序幕。

由于地处高第街风水旺地，加上经营有方，三多轩生意日益兴隆。第二代传人黄润培接手时，便开始注重店铺的文化氛围，自身勤习书画，成为文化界行家。同时将三多轩转型为笺扇庄，兼营装裱字画，代客聘请名家绘画、题诗、撰联等，吸引了许多岭南名人、雅士到此交流，成为当时书画名家的集中地。

黄金海是三多轩第三代传人，也是广东著名的文化名人。他精通篆、隶、行、楷等书法，善画花鸟，旁工金石碑帖，并有蝇头楷书『离骚经』出版传世。而如今广州白天鹅宾馆瀑布中庭，仍有黄金海题写的诗。

鼎盛时期

荣宝斋所制作的水印信笺，所用都是陈年宣纸。

朵云轩手工印制的招牌扇面精致、典雅、秀润。

三多轩的招牌毛笔需经多道古法工序制成，选料严格，一丝不苟，其笔锋弹性十足。

20 世纪二三十年代，广州经济稳定发展，上层社会开始对传统文化收藏产生兴趣。许多文化名人与达官贵人都爱到三多轩交流，让三多轩步入鼎盛时期。

当时名人梁鼎芬、康有为、梁启超、孙中山、宋庆龄等皆是三多轩的主顾。广东国画研究会与岭南画派，都以三多轩为专业供货店。一时间，三多轩风头盛极，闻名海内外，与当时北京的荣宝斋、上海的朵云轩齐名为中国“三大文房名庄”。

笔墨纸砚

三多轩最知名的毛笔为玉笋笔，选用三十只山羊的羊须制成，粗锋柔软又劲健有力，适用于多种风格的书法，大受欢迎。

笔墨纸砚为传统的文房四宝，三多轩自制自产，工艺精湛，百年不变。

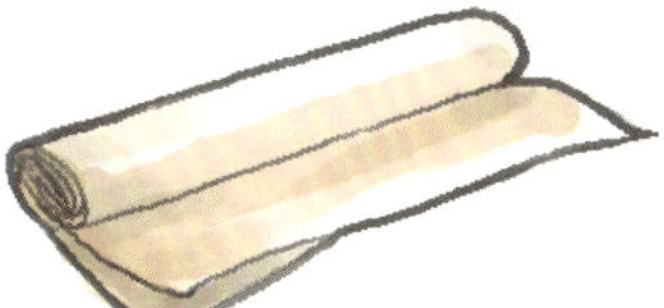

三多轩的货源充足，所有品种均直接由知名原产地订做，如宣纸来自宣城，毛笔造于湖州，扇笺则从苏杭购进，品质精美。三多轩还会根据顾客的需求，加工出特制的有色宣纸、金笺，让岭南文人争相抢购。

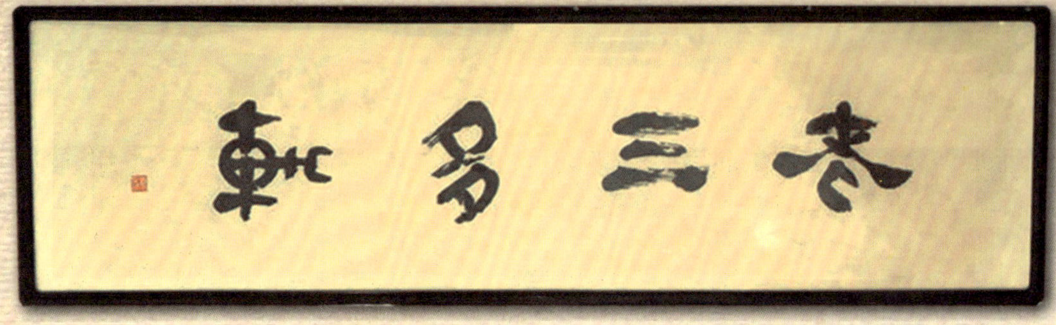

20世纪中后期，北京路上公私合营的三多轩。

黄金海的书法造诣很高，在广州十分有名，据说南天王陈济棠还曾每个月以三百大洋的价格请黄金海代笔。

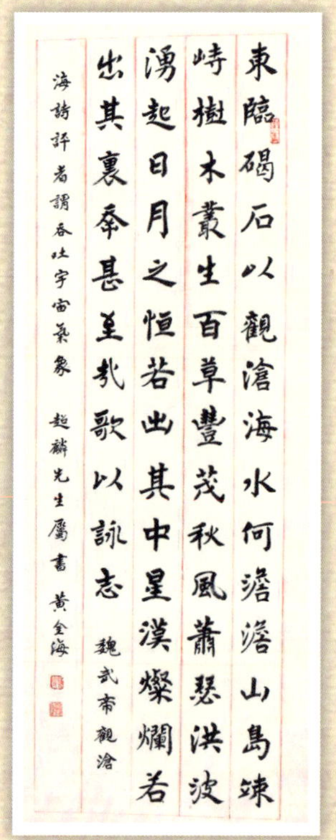

九十二岁的黄金海和其他文人一起泼墨挥毫。

在高第街黄家的旧宅里，还保存着第三代传人黄金海的画像。

劫后余生

抗日战争爆发后，三多轩受到战火的殃及，几乎毁于一旦。新中国成立后，公私合营，三多轩的牌子得以保存，虽然几经迁址，但仍以文房四宝、字画装裱为主营。如今，黄家第五代传人继承了衣钵，成立了老三多轩，他们坚信，三多轩会在中国传统文化的路上一直走下去。

李占记

与时间较劲的工匠
始创于 1915 年

位于中山四路 344—348 号的李占记，创立于 1915 年，是一间兼有零售与修理业务的钟表店。

李占记的创始人李兰馨原在香港李应记钟表店当学徒，刻苦学得精湛的修表技术后，在香港文咸东街 9 号自立门户，挂牌李占记。

李兰馨修表严谨、细心，逐渐建立口碑。李占记发展壮大后，李兰馨分别在广州、澳门开设了三间分店，号称“省港澳李占记”。

李占记在民国时十分辉煌。皆因当时“表”是身份的象征，一块名牌怀表、手表，甚至可以换一幢三层普通民房。由于李占记以技术与信誉著名，许多镶钻、镶珠、全 K 金壳的名表，或者外国宫廷的贡品座钟，只有送到李占记修理保养才能放心。甚至，连一块钟表的优劣，都要以李占记的鉴定为准。

修表高手

李占记修表有着严格的制度流程，规定每个师傅每天只修三个表，多则容易出错；还设立质检员，专门负责检查修理钟表的质量。待质检确定修好后，要再观察 7 天，走时准确，才交还给顾客。

岁月流逝，如今中山四路李占记老店内有各种时尚手表、时钟零售。师傅们仍在工作间维修着手表，保留着李占记修表的传统，用一个显微镜、一把小镊子，固执地与时间较劲。

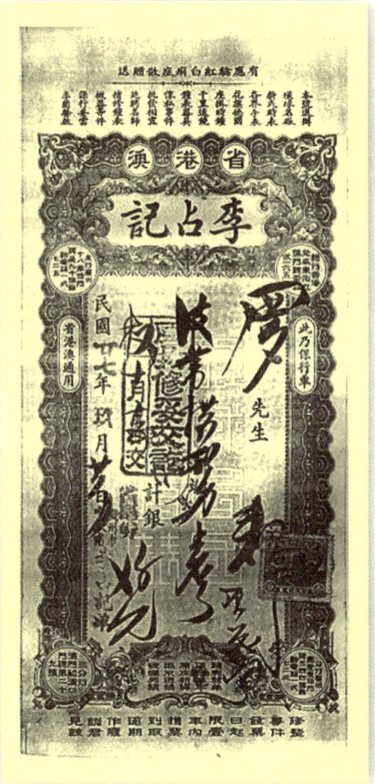

1938 年时李占记的票据。

师傅能够用磨、补、驳、接、铧、镶、种、包等细腻功夫制作零件，令无数顾客心爱的钟表起死回生。

励红百货店

怀旧的老国货
始创于 20 世纪 30 年代

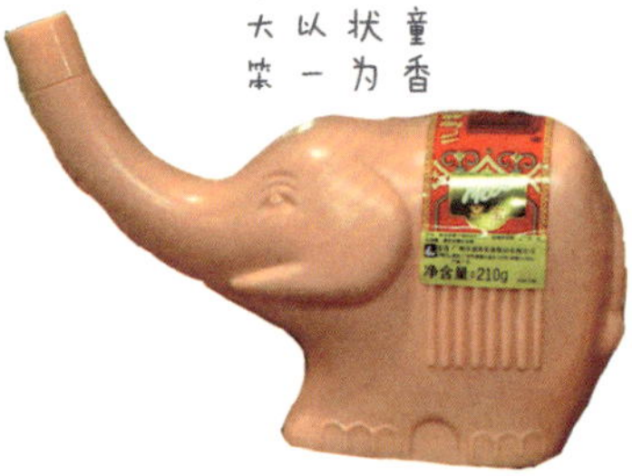

娇滴牌儿童香浴液，形状为大象，所以一般被称作大笨象沐浴露。

算盘、印章和发黄的账本仍是售货员拢账的工具。

励红有整套的嫁女套装：双喜水壶、龙凤被、红洋伞、婚庆脸盆。

婚庆必买的暖水瓶

有『喜』字图案的婚庆痰罐

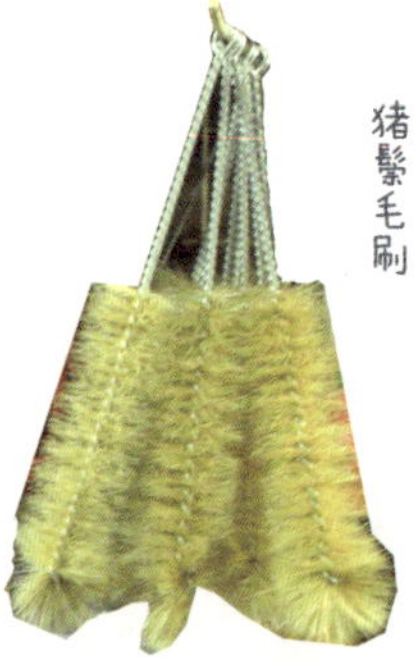

猪鬃毛刷

电车牌肥皂

老牌子护肤品（如友谊牌、百雀羚、上海牌）。

『555』牌电池是广州的著名老字号产品。

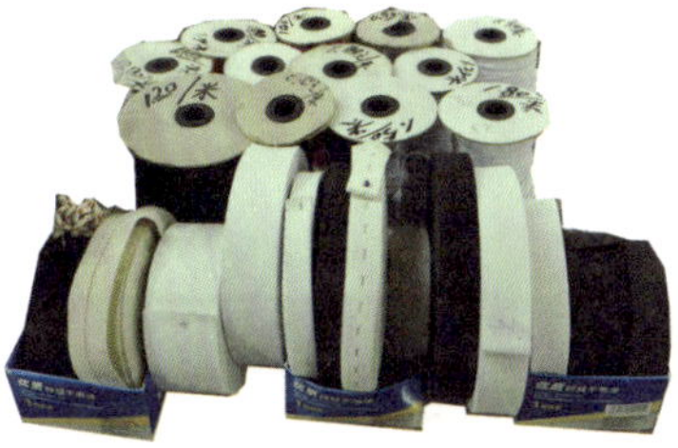

裤头橡筋。

散装花露水

励红百货位于中山六路41号，创建于20世纪30年代。在如今这个奢侈品充斥豪华商场的年代，励红百货仍售卖着一些怀旧的老国货，售卖着广州人的集体回忆。

在30年代，百货店是个新奇的地方，不仅有各种日常用品，还有着许多时尚用品。早期的励红百货凭借新潮昂贵的洋货，风靡广州。1956年，励红改为国有商店，不再售卖高档洋货，改为主售多种类的日用商品，顾客仍然络绎不绝。

时过境迁，今日的励红已没了当年的繁华景象，躲在骑楼下的它，人们稍不留意便会错过。但它一直保持旧状。工作了几十年的老职工仍然用发黄的笔记本与陈旧的算盘记账。商品是价廉物美的老国货——大笨象沐浴露、电车牌肥皂、海鸥洗发膏、利工民汗衫、散装花露水、铁盒装护肤霜等，每一样都能勾起许多老广州过去的记忆。

世家筷子木器店

代代传承，木雕世家
始创于 1898 年

世家筷子木器店位于越秀区天成路 175 号，创始于 1898 年，是一间经营木雕与筷子的老店。现在的当家冼联广师傅，已经是这个木雕世家的第三代传人。

1898 年，濠畔街有着鳞次栉比的酸枝作坊、算盘行、筷子行、古玩行等，是广州繁华的木器街。冼联广的爷爷冼敬堂，在这里开设了自己的店铺，取名满记酸枝，经营酸枝家具与木器制作。

1953 年，满记从濠畔街搬到了如今的天成路，“文化大革命”时曾经历过歇业，直至 20 世纪 80 年代，冼联广从乡下回城，才重开了这家祖传店铺，更名 “世家筷子木器店”，把纯手工木雕的工艺传承下去。

如今这小小 7 平方米的店铺里，摆设着琳琅满目的木器，有贵重的酸枝家具，也有刻工精细的木雕装饰，而最有特色的，是那一捆捆实木筷子。

废料活用造筷子

当年，冼联广师傅的爷爷冼敬堂每次做完家具，都会剩下很多名贵木材的边角料，这些边角料做不了大件家具，丢弃又觉得可惜。于是冼敬堂便尝试着把它们做成筷子，卖给茶楼和街坊。由于这些筷子使用名贵的木料制作，质地厚实，故一面世就大受欢迎。

冼家筷子中最出名的是乌梅筷子，其木纤维丰富，对口腔与喉咙有保护效果，故坊间有言——有乌梅筷子无喉痛。在《红楼梦》第四十回的大观园设宴里，写有“凤姐手里拿着西洋布手巾，裹着一把乌木三镶银箸……”， 这乌木银箸，便是乌梅筷子。可见，从古至今，乌梅都是做筷子的上好材料。

筷子的意头

一对筷子，其制作流程有八个步骤，分别是选料、开料、打板、开条、打磨、开圆、打顶和抛磨。每一步都要一丝不苟才能让筷子有统一的规格。而这些规格里面，又包含着许多的意头。

筷子，有“快生贵子”的意思，人们喜欢购买一扎精美的实木筷子送给新婚夫妇。“世家”的筷子固定长 26.8 厘米，有“一路发”的含义，而且长短适合，用起来最为顺手。造型上，多为头方尾圆，暗合了“方圆成规矩”的和谐。同时筷子要有突起的筷子山头，意味“出人头地”，站得高，看得远。扎筷子时，以十对为一扎，寓意着“十全十美”。

当年的满记酸枝店，与如今的老铺相差无几。

天程铜艺

西关巷陌打铜声

天程铜艺位于西关恩宁路，是一间传统手工铜器店。

创始人苏广伟，在1958年得到一块父亲从北京带回的铜印章，刻着父亲的名字“天程”。自此，苏广伟对铜器产生了兴趣。同年，由于铜的生产、交易开始由国家统一管理，许多打铜艺人纷纷转行。而在冶金场工作的苏广伟，却意外学到了打铜的手艺。

后来，国家重新开放民间铜器的生产与交易，苏广伟便在工余时间，打铜挑担叫卖。由于当时西关只有他在打铜，所以人称他为“铜器苏哥”。渐有积蓄后，苏广伟在恩宁路开设了自己的店铺，专注打铜，以其父亲的名字为小店取名为“天程铜艺”。

铜器辉煌

铜器，在中国历史上曾有着辉煌的地位，皇室的酒器、军队的兵器、佛教的法器，无一不是铜器。铜本来在民间就被认为是珍贵金属，加上铜器坚固，可以长久保存，更具有镇宅辟邪的意义，所以常被当作传家宝。在旧时的西关，无论是大户富商还是小康人家，都会常备铜制的器具镇宅。

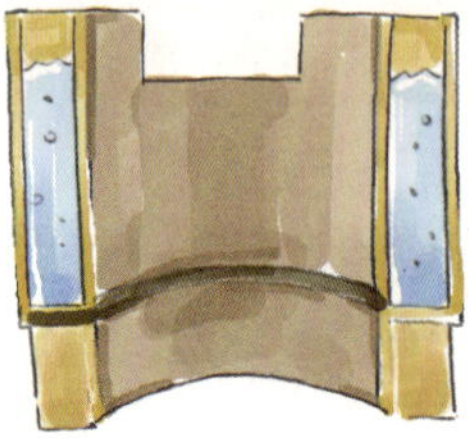

空心炉壁连接着中间的水筒，烧火时可以同时加热炉壁内的水。

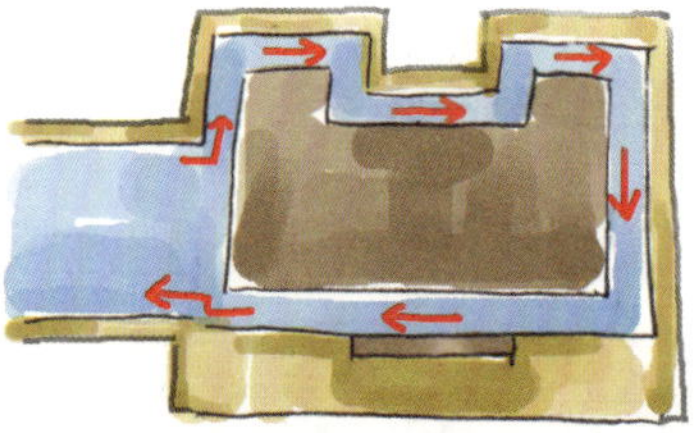

水因为受热，回流到水桶中，如此循环，利用了炉子烧火时的热量。

打铜传统

汤婆子

铜壶

乾隆年间一口通商时期，西关开始盛行铜器。当时十三行家家户户都有大量的铜器，洋人见状便大量搜集中国铜器，带回海外，并要求订制他们所需的器形。但当时广州人并不懂打铜技术，唯有请来了江浙的打铜师傅培养本地匠人，以打造洋人所订制的铜器用品。故当时有谚语：“苏州样，广州匠。”

久而久之，打铜成为了广州的特色。据历史记载，清末民初时期，广州已有超过两千个打铜艺人。光复路、人民路、恩宁路一带更形成了繁盛的铜器街。打铜艺人不但制作一般的铜碗、铜炉、铜壶、汤婆子等日常用品，还打造各种铜灯、铜水烟筒等精制铜器，产品远销南洋。

铜煲

火锅炉

日本船的铜灯

铜罐

铜器习俗
婚嫁时，人们喜欢把慈姑、棉线藏进铜痰罐里，寓意早生贵子。所以俗称其为子孙桶。
铜葫芦
金灿灿的铜葫芦，是良药与悬壶济世的标志。
慈姑
棉线
绣花鞋
铜盆
痰罐
在新房的铜盆内放置一对绣花鞋，寓意着同（铜）偕（鞋）共老。

我係如今天程铜艺的第二代当家——苏仔。讲到打铜，我最有心得，不过铜器最重要的，还是它所蕴含的许多习俗。
苏仔

全声醒狮

太平盛世，醒狮再起
始创于 1930 年左右

第四代传人钟国森举家迁到广州大新路，先是与他的大哥钟树基一起创办了“金声”醒狮用品店，之后又个人创办了“全声醒狮用品店”。照片中的头像为钟佳和钟国森。

创建历史

全声醒狮位于广州市大新路，创于 1930 年左右，是一间彩扎狮头作坊。

清道光年间，钟嘉超师傅的祖先就已经开始了扎作狮头。民国时期，钟氏家族终于在大新路开设了全声醒狮作为家族生意，是大新路的第一间彩扎狮头作坊。而钟师傅是第五代传人了。

醒狮表演

中华民族热爱舞狮，逢年过节，大小喜事，都适合舞狮庆贺。这是一种集武术和表演的仪式。其中最重要的道具便是狮头。

醒狮表演者穿着模仿狮腿的灯笼裤，一人掌狮头，一人掌狮尾，跟随着大锣、大鼓、大钹的节奏配合起舞，并模仿各种狮子的形态，表现出又想吃，又害怕，又担心被抢的神态，时常会有采空、试探、眨眼的动作，显得生动有趣。

传统的醒狮表演会有出洞、下山、过桥、饮水、采青和大头佛戏狮等几个环节，其中有跳梅花桩、过三山、过独木桥等惊险动作。

狮王争霸

舞狮的表演有很多种，有庆贺喜事的喜庆狮，也有比武专用的斗狮。而狮头也分为几个种类，最常见的便是刘备狮、张飞狮、关羽狮三种，分别代表皇气、武斗和招财。

孝狮则是醒狮中最为特别的一种，在做白事时出现。孝狮白底黑纹，黑眼半合含泪，形态悲伤。舞时需三步一拜、五步一叩，跪在灵像前上完香后，再肃穆地把孝狮烧掉，以送逝者最后一程。

醒狮传说

据传在佛教中，狮子在未成正果时，是十分桀骜不驯的神兽。不仅扰乱菩萨讲课，甚至还把贡品撞掉。于是菩萨叫大头罗汉（大头佛）去降服它。大头罗汉用菩提（葵扇）为狮子扇凉，引其过石桥（桥凳）后，又用灵芝（青菜）插于湖泊（水盆）中引食，最终降服了狮子。如今舞狮中的采地青，便是来源这一个传说，希望把象征平安、吉祥的瑞兽请进门。

现在的全声醒狮制作各种各样的狮头。年轻的学徒们在作坊里为狮头描色、装毛，各有分工。

众多工序中，描色是最难掌握的。徒弟们学艺时，需要先练腕力，学习书法并打好绘画基础；接着学习各种花纹的意义与画法。直至能传神地画出关岛纹、如意纹和螺旋纹时才算真正出师。这至少要花三年的时间。

南派狮头

狮头有南北派之分，北方的狮头较似真实的狮子，而南方的狮头则较为五彩缤纷，注重艺术、欣赏性，并不像真实的狮子，倒有点年兽的味道。

眼睛是狮头最有灵气的地方，可以随意转动。描绘狮头时一般留到最后才点睛。

点描的各种意义：
点狮鼻——“走三山”；
点额——“过五岳”；
点睛——“左眼精，右眼灵”；
点口——“大口吃四方”；
点前爪——“发财就手”；
从头开始点完狮身——“一路顺畅”。

传统扎狮工艺

五彩斑斓的狮头常让人着迷，但要制作出一个完整的狮头，过程并不简单。
传统狮头制作工序有六个步骤，即采、扎、扑、粘、描、装。每一道工序，都是纯手工完成的。
一个娴熟的工匠要完成所有工序至少也需要五天时间。

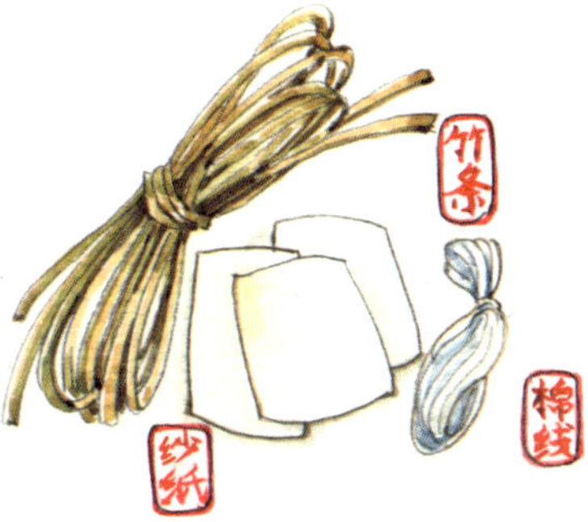

①采：选用结实的竹子，修成细条的竹篾，备好棉纱纸和棉线。

②扎：用修好的竹篾编扎狮头的骨架，再用棉线捆绑坚固。

③扑：用棉纱纸扑封在狮头骨架上，形成基本形状。这道工序被称为"扑纱"。

④粘：根据狮头类型的不同，在特定的位置贴上不同颜色的金箔纸，以此辨认。

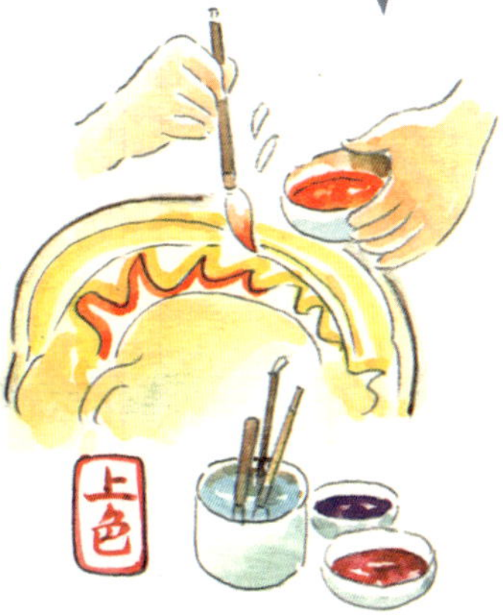

⑤描：用色彩颜料给狮头手工上色。狮头的花纹色彩讲究强烈对比。多以黑白、红绿、金银等颜色相配，图案以瑞气花纹为主，既有变化又协调统一。

⑥装：把皮毛、铜镜、金属片等小装饰安装上去，狮头扎作大功告成。

艳芳照相馆

艳影长留，芳华不逝

始创于 1912 年

艳芳照相馆开业于1912年，由三水人黄跃云、刘骨泉创建，已有上百年的历史，是广州现存最老牌的照相馆。艳芳照相馆凭借着当时先进的技术和一流的设备在业界独树一帜，闻名于粤港澳。

艳芳照相馆辉煌的时候曾有七间分店，其中包括“雄志”、“美景”、“明苑”、“广州”、“红光”等。总店最忙碌时有上百名员工。

经历了百年的沧桑，如今的艳芳照相馆位于朝天路51号。在这条平静的老街上，艳芳已是一间朴素无华的传统照相馆。

百年艳芳

广州的摄影业在清朝时已逐渐兴起，到了民国时期达到顶峰。城里出现了许多照相馆，四乡的人们纷纷前往省城拍照留念，而摄影这个新兴行业更是热闹非凡，成为独特一景。人们喜爱用照片记录城中的人和事，大街小巷里的故事都在胶片下定格。经过时代的变迁，照相馆更是成为回忆历史痕迹的窗口。如今，摄影已经进入了数码时代，不少传统照相馆已遭淘汰，但艳芳照相馆还在坚持。

今日的艳芳照相馆已不再像旧时那般客似云来，但无论是老店内齐全的摄影设备、道具、场景，还是大堂中陈列的经典老照片，都还见证着艳芳昔日的辉煌。

艳芳照相馆曾经给不少名人拍过照片，孙中山、宋庆龄、李济深、鲁迅、许世友等都是艳芳的常客。

当年李济深亦常到艳芳照相馆留影.

鲁迅夫妇与友人蒋经三的合照.

1923 年拍的孙中山、宋庆龄与永丰舰官兵合影照.

已经退休的摇头相机曾经是艳芳照相馆的镇店之宝，皆因它可以做独一无二的工作。相机的镜头可以360度水平旋转，利用长时间曝光的原理旋转拍摄全景照片，多用于拍摄风景和人物集体照；它兼备广角镜头的取景范围与标准镜头成像清晰而不变形的优势，成为广州人拍摄集体照片的首选。如今智能手机的全景拍摄功能运用的就是摇头相机的原理。

旧时，拍照是人们的一种家庭仪式，艳芳也就常常爆满了。人们从摄影房开始排队，队伍经过楼梯直达到大厅。大厅内设有专为顾客准备的长凳，通常都座无虚席。等待叫号的老街坊们通常一起聊天，十分热闹。

人们到艳芳拍全家福、结婚照、饯别照，甚至离婚纪念照等；其中最令人怀念的就是婴儿百日照了。

艳芳设有专门给婴儿拍摄百日照的圆形小藤椅，同时摄影师傅会用各种玩具吸引孩子望向镜头，为小家伙们拍下儿时最可爱的留影。今日的我们翻开旧时相册，看着那“人手一张”的标准“BB照”，感到格外温馨。

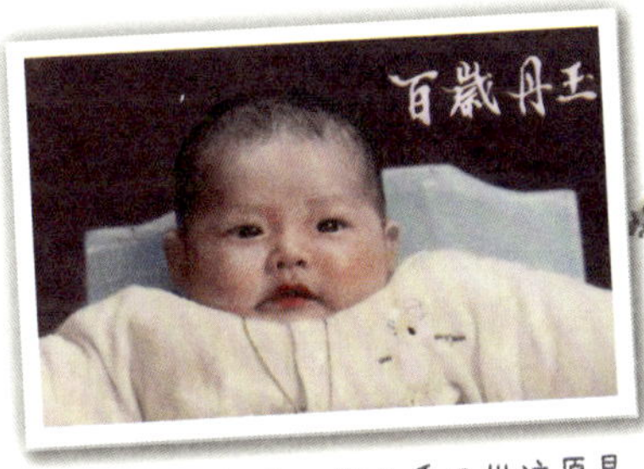

通过师傅上色后，根本看不出这原是黑白的“百日照”。

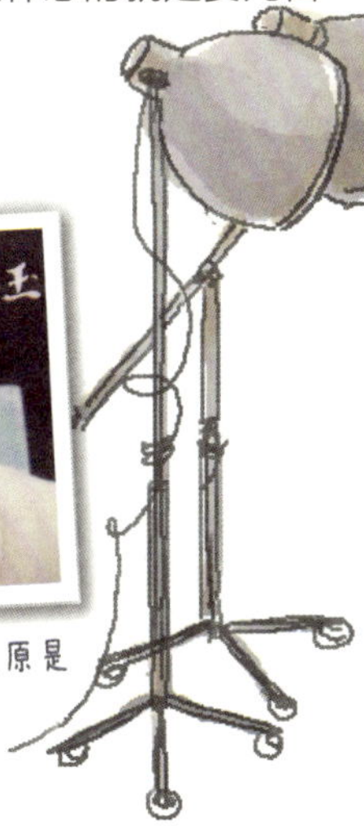

师傅使用各种玩具吸引孩子在拍照时看镜头。

经过一道道程序之后，完整的相片终于诞生了。

修底片的工具。

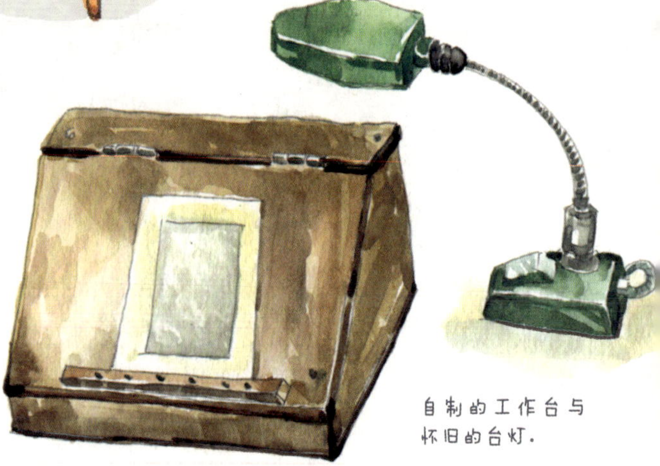

自制的工作台与怀旧的台灯。

照片的花边原来是这样铡出来的。

毫无PS痕迹

艳芳除了摄影技术讲究，修胶片底片的技术也是一绝。在没有数码技术的20世纪20年代，修底片便要靠师傅一笔一画的手工制作了。透过自制的透光台，利用削得如针尖的铅笔补画，再用刀片、棉花辅以药水除色……师傅们就是这样，满足从普通修底片瑕疵到修改人物五官脸型、组合人物与背景等各种要求。他们可以称得上是现代PS技术的老前辈。

为黑白照片上色更是一门绝艺。旧时的黑白胶片可以通过直接在胶片上上色的工艺冲晒成彩色照片。胶片上色需要高超的技术与耐心。师傅们会使用菲林专用的透明颜料，有如水彩画家一般用细毛笔在胶片的方寸空间里上色。帮人物上色的师傅更要学会化妆的技巧。因此，需要多年的经验才能使照片富有艺术美感。而艳芳的师傅都是这方面的高手。

手工修胶片的工序繁复，制成照片的清晰度、鲜艳的色彩和那种天然光学成像的和谐感是今日数码技术不能相比的。照片晒好后更可以用特殊的裁纸闸刀剪出带经典花边的照片。拿在手上精致有趣。照片是人们保存一生的珍贵记忆，师傅们也尽心尽责地用这即将失传的手艺描绘出最完美的作品。

艳芳位于中山五路的旧址。

兄弟俩在广州艳芳照相馆留影。

1965年东山湖九曲桥的老照片，由艳芳照相馆冲晒。

艳芳的相框十分精美。

经过师傅上色的漂亮照片，主人公正是张经理的爱人呢！

探秘暗房

拍摄、修胶片底片后便是冲晒照片了。菲林底片不能曝光，晒洗要在暗房里完成。神秘的暗房一般都禁止进入，里面也是伸手不见五指。晒相师傅们在昏暗的空间里泡制着照片里数不清的回忆。

暗房里的各种冲晒仪器都是师傅自己设计制作的。从右到左，依次为胶片曝光、照片放大、浸泡药水成像、晾晒照片工序组。一个流程一次只能晒一张照片，等待着图像从泡着药水的相纸上慢慢浮现，使人实实在在地感觉到了复制历史瞬间的成就。

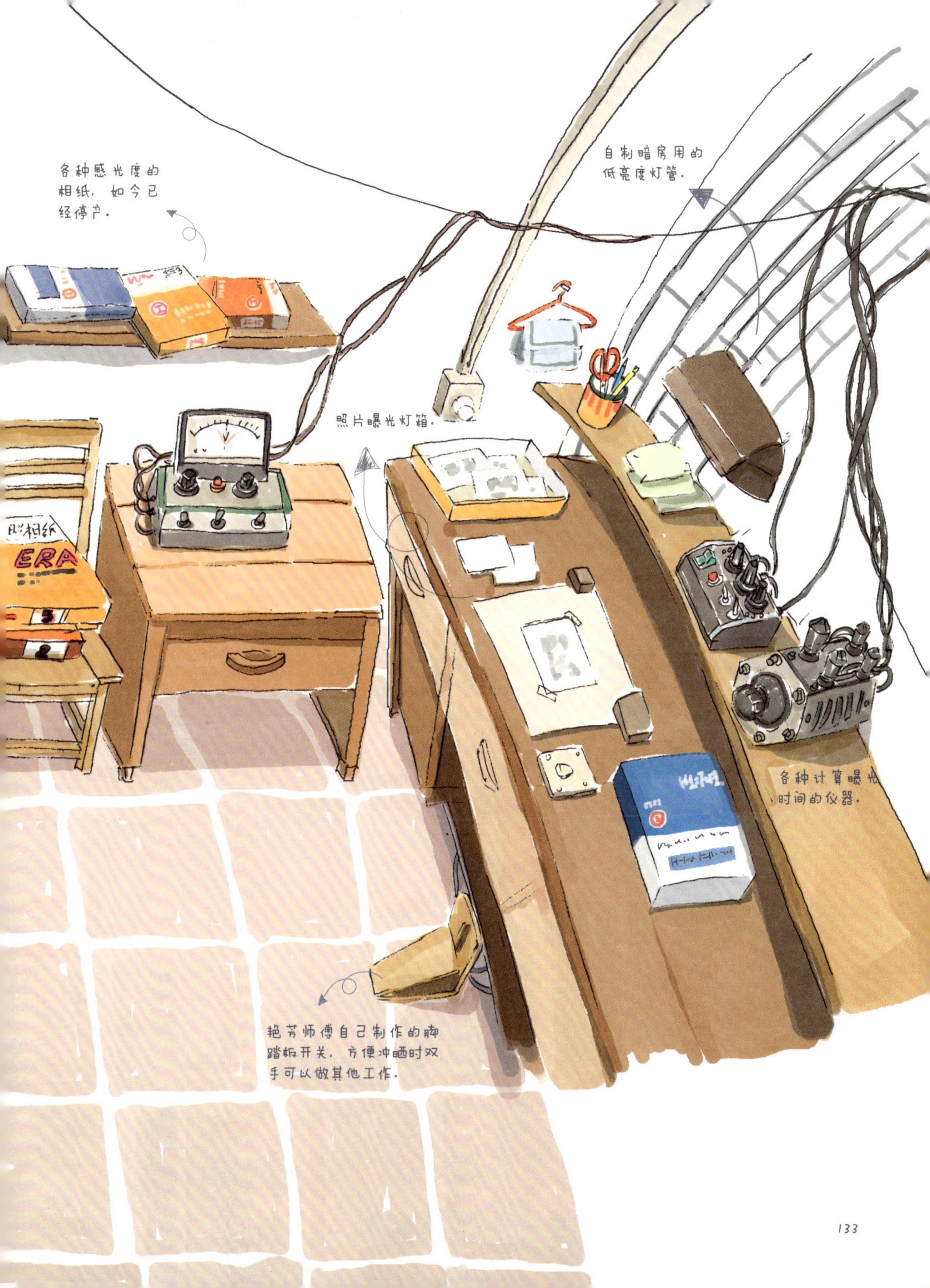
各种感光度的相纸，如今已经停产。
自制暗房用的低亮度灯管。
照片曝光灯箱。
照相纸
ERA
各种计算曝光时间的仪器。
艳芳师傅自己制作的脚踏板开关，方便冲晒时双手可以做其他工作。

新华大酒店

西堤边上，昔日繁华梦

始创于 1932 年

新华大酒店位于人民南路 2 号，于 1932 年开业，是广州最早的西洋风格酒店之一。其前身为嘉南堂，是知名的房地产公司兼银行。后来，台山华侨谭鼎初等二十几人联合接手了这栋建筑，创办了新华大酒店。

新华大酒店的大楼建于 1922 年，由著名设计师杨锡宗设计。楼高七层，采用罗马券廊式结合广东骑

楼的建筑风格，以厚砖石墙、半圆形拱券和交叉拱顶为特色，设计出当年全国最大、最豪华的首层人行道空间。

在没有建立人民桥之前，人民路与沿江路两条大马路的交界处自然是繁华非常，有如广州市的上海滩。新华大酒店地处长堤，濒临珠江一线，有得天独厚的地理优势。附近除了有大三元、大同、大公这“三大”酒家，还有南方大厦等当时的高端消费场所。不出百米，金融街银号林立，来往商人无数，为新华大酒店带来了丰富的客源。

今天，在这个国际新式酒店林立的年代，老牌的新华酒店仍然坚持散发着它独特的光彩。

爱群大厦

一枝独秀冠蓝天
始创于 1937 年

爱群大厦位于沿江路，创建于1937 年，是民国时期华南首屈一指的名牌酒店，也是广州的标志性建筑。

20 世纪二三十年代，长堤一带还都是些比较矮小的传统建筑，而爱群大厦以高耸入云、豪华雄伟的西式建筑姿态出现，加上位于珠江沿岸，视野开阔，交通便利，很快便成为当年省城上流人士的聚集场所。从建成后的 30 多年，广州城也一直没有出现比其更高的大厦，所以在当时老百姓心目中，爱群大厦是地标，也是他们向往仰慕的地方。

思乡之情

爱群大厦原名爱群大酒店，最初的创建者陈卓平先生是一位新加坡侨商，也是支持辛亥革命的同盟会成员。爱群建成时，他曾说道：“此楼既成，固表现侨胞建设精神，复引起侨胞忠爱感想，将来投资内地，增加本国繁荣及国民生产力。”作为一个归国投资的爱国华侨，陈卓平认为爱群大厦的建立不仅标志着华侨的思乡之情，也鼓励了更多爱国华侨跟随他的步伐回国投资。

爱群大厦平面图.

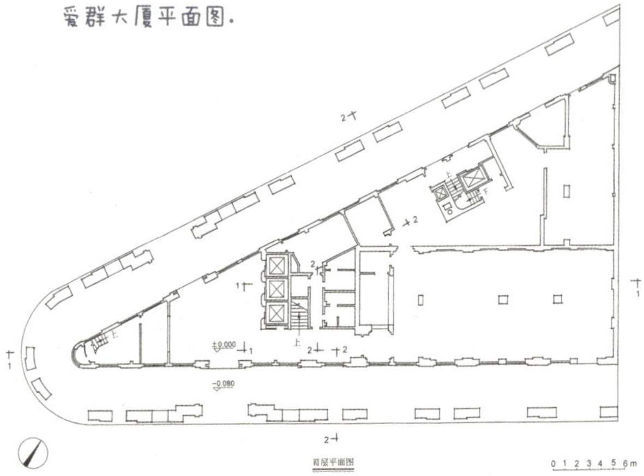

建筑风格

设计师李炳垣与陈荣枝参照了30年代开始在国际上流行的Art -deco（装饰风）建筑风格，从设计到用料都紧跟国际一流水平。

爱群大厦占地800平方米，高达64米，建筑平面呈三角形。15层的大楼利用高窄的窗户营造笔直向上的感觉，让爱群大厦看起来更加英伟挺拔。屋顶的金字塔造型汲取了远古辉煌文明的元素，象征着现代工业文明的崛起。厚重的楼身予人一种无法撼动的感觉。这正符合了大厦作为当时爱群人寿保险公司信用标志的凭证。当时全国能与之匹比的只有风格类似的上海沙逊大厦。

沙逊大厦（今和平饭店）平面图

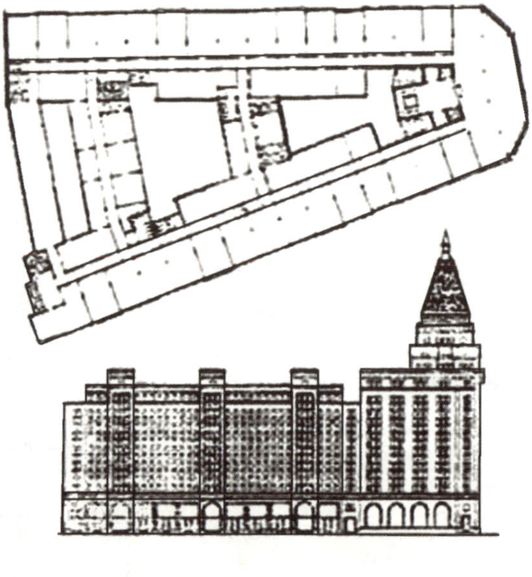

旧金山的三角形建筑.

旧金山的三角形建筑.

纽约的 Flatiron District.

爱群大厦的建筑风格沿用的是当时世界最流行的“装饰风”建筑风格。同一时代，世界各地相继沿用此风格的建筑作为城市地标，从而定位了当时“摩天大楼”的意义。如今，在世界发达城市的每个角落都可以找到类似的建筑。

钢架巨人

爱群大厦修筑初期，用的全是进口的德国西门子钢材。那时施工的情况非常壮观：工人们按照大厦的造型扎成一个巨型建筑钢骨架，整座大厦在还没有铺设外墙前已经基本成型。无论在当年还是现代，那都是一个奇观。据说当年还吸引了许多广州周边的人来“开眼界”。

经久耐用的美国原木楼梯。

爱群的辉煌时期

在水电系统还没完全普及的年代，爱群就已经率先配置了冷暖气通风系统、进口电梯以及西式抽水马桶与浴缸，舒适非常。对于当时的人们来说已是顶级的享受，吸引着上流社会的人物来此相聚。

当年爱群的内部设施也极其讲究。从装修材料到各种餐具、用品，几乎全部是进口的高级货。其中“东美林”(The East Excellent Lam) 银质餐具更是漂亮非凡。

如今的爱群还保留着一间回复当年旧貌的豪华套房，让我们可以一窥那个时代的辉煌。

英国水晶餐具

水晶糖盅

铜质钥匙牌，20世纪30年代身份的象征。

美国贝尔电话

银制烟灰盒

爱群名物

银质水壶

银质果盘

银质烛台

银质圆环果盘

银质水壶与调料杯

水晶菱形小菜盘

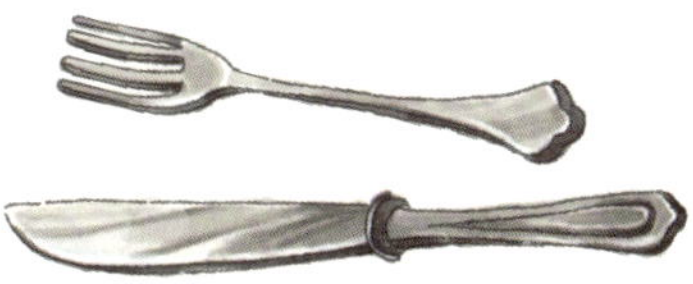

银质刀叉

爱群与广州

爱群大厦对于 30 年代的广州有着重要的意义。当时的广州稳定繁华，整座城市都在紧锣密鼓的建设当中。1933 年竣工的海珠桥；光绪年间动工、1936 年终于建成的粤汉铁路；新时代扩建的马路与珠江水面上川流不息的船艇，都使广州城充满活力。高峻挺拔的爱群大厦矗立在广阔的珠江水面上，独特的建筑风格与蕴含的意义使其成为这个城市的重要地标，也成为人们心目中繁荣广州的历史证明。

1984 年，大厦的楼顶加建了广州市的第一个旋转式餐厅。如今在高处眺望珠江，看到几座见证广州发展的桥梁与川流不息的船只，人们可以深切感受到当年爱群“当马路繁荣之冲，水陆交通之会”的意义。

珠江嘅景色好靓啊！
阿嬷，要多笼虾饺！
卖晒啦，食烧卖啦！
叉烧包
旋转餐厅转到我晕酡酡！

手信

CHECK LIST

		买乜 WHAT DID U GET	几钱 HOW MUCH	点睇 WHAT DID U THINK
□	老广新游			
□	莲香楼			
□	陶陶居			
□	广州酒家			
□	成珠楼			
□	趣香饼家			
□	泮　溪			
□	北　园			
□	南　园			
□	云香酒楼			
□	回民饭店			
□	荣华楼			
□	大同酒家			
□	太平馆			
□	玫瑰甜品			
□	百花甜品			
□	达杨原味炖品			
□	顺记冰室			
□	南　信			
□	开　记			
□	坚记面店			
□	银记肠粉店			
□	陈添记			
□	欧成记			

手信

CHECK LIST

		买乜 WHAT DID U GET	几钱 HOW MUCH	点睇 WHAT DID U THINK
☐	八　珍			
☐	伍湛记			
☐	皇上皇			
☐	沧州栈			
☐	八百载			
☐	致美斋			
☐	鹰金钱			
☐	陈李济			
☐	敬修堂			
☐	潘高寿			
☐	采芝林			
☐	何济公			
☐	王老吉			
☐	黄振龙			
☐	耕田公			
☐	三多轩			
☐	李占记			
☐	励红百货			
☐	世家筷子木器店			
☐	天程铜艺			
☐	全声醒狮			
☐	艳芳照相馆			
☐	新华大酒店			
☐	爱群大厦			

致老广新游

经过漫长的等待，这本《老广新游之老字号》终于诞生，真可谓是千呼万唤始出来。掐指一算，距 2011 年大话国第一部作品《老广新游》问世，至今已近三年，虽然其间陆续有创意十足的周边产品推出，但这部同宗同源的续集却让我们这些忠实读者翘首以待了三年之久，着实被吊足了胃口，垂涎早已远超三尺之长。如今出版之事尘埃落定，读者心中那颗悬着的心终于找到了归属，可喜可贺！本土文化痴迷者们又可以来一顿丰盛的视觉盛宴啦。

就在我正式步入“出头之年”的那天晚上，我从大欣及小可的手上接过《老广新游之老字号》的校对书稿，这是我所收到的最有意义的一份生日礼物，因为，这两个“最佳损友”竟把我的形象植入书中，还将我的“吃货”本质表露无遗。这使我兴奋莫名，如获至宝。这份礼物看似很轻，情谊却很重，而我们彼此情谊的建立，则是源自于我们所钟情的广州本土文化。

阅毕书稿后，感慨万千，我竟流下了激动的眼泪，书中所赋予的厚重历史感、生动的情景再现让我看到了作者的良苦用心，更感受到他们对于弘扬广州传统文化的那份衷心与执着。他们沿袭了第一部中的细腻画风，在色彩的运用上更为多元化，独特的情景再现让广州老字号的前世今生统统跃然纸上，使我们仿佛置身于百年前的广州城，聆听这些古代的“广州合伙人”讲述他们的创业故事，生动地向我们再现了广州这座古老商都的发展史，甚至还将许多早已淡出人们视域的广州老商号重新激活。值得一提的是，《老广新游之老字号》不仅是一本单纯的城市绘本，亦是一本经过精心策划的“老字号”百科全书，因为书中还收录了大量的史料及采访手记，信息量之大前所未有。书中所涉及的知识面之广，让我拍手叫好，同时也让我心生疑惑，如此“刨根问底”级的资料，他们是怎么得来的？

后来才得知，我的这番疑虑，也是这本新作之所以耗时三年，姗姗来迟的真正原因。为了让新书信息量丰富，为了让这些饱经沧桑的广州老字号的故事能得到更好的传承与推广，这几年间，他们吃尽了苦头，费尽了心血，跑遍了广州大街小巷，拜访了众多老字号继承人及其后代，只为搜集更多鲜为人知的史料，历经“九九八十一难”才终将所有稿件完成。这种一丝不苟的敬业精神，在如今浮躁的社会中显得弥足珍贵，更让我领略到古人“慢工出细活”这句话中的大智慧。在此，我郑重地向《老广新游之老字号》的主创们致以万分的敬意，你们辛苦了！

这是一本值得所有老广及新广州人收藏的手绘佳作，更是一座让世界重新认识广州历史文化、深刻认识广州老字号背后所蕴涵的自强不息之广式精神的“纸上博物馆”！

祝愿《老广新游之老字号》畅销、大卖！同时期待《老广新游 2》的诞生。

老廣新游
CANTON TALKER

后记

完成了全书的最后一次校对后，感觉既疲惫又满足。脑里一直回放我们团队从最初的构思策划、翻查资料、出外采访，到中期的执笔编写、创作绘画、设计排版，再到最后的核对资料、修改调整……这一系列的工作就像翻过了一座座山，最后到达了目的地，一路五味杂陈。

在我们走访过的老店之中，有的魅力不减当年，有的正在努力适应时代转变，有的转型焕发新生，有的已经垂垂老矣……一切都是历史大潮下的不可抗拒的变化，我们所能做的就是用大话国独特的方式把这座城市渐渐远去的记忆一笔一画地记录下来。

最后向所有书友们承诺，本书绝对不含半点广告成分，虽不能保证内容绝对完美准确，但我们也尽力严谨、客观，以老广的角度带大家认识一个更真实的广州。

大话国

老广新游·老字号

创作团队

★大　欣　★小　可　★斯　敏

★小　菁　★马秀才　★San San